Hofacker | »Live fast, love hard and die young!«

Ernst Hofacker

»Live fast, love hard and die young!«

Tragische Geschichten aus Rock und Pop

Reclam

2019 Philipp Reclam jun. Verlag GmbH,
Siemensstraße 32, 71254 Ditzingen
Druck und Bindung: CPI books GmbH,
Birkstraße 10, 25917 Leck
Printed in Germany 2019
RECLAM ist eine eingetragene Marke
der Philipp Reclam jun. GmbH & Co. KG, Stuttgart
ISBN 978-3-15-011207-6

Auch als E-Book erhältlich

www.reclam.de

Inhalt

9   Vorwort: **Wen die Götter lieben …**

15 1. Januar 1953: **Hank Williams** – Das Ende des Hillbilly-Shakespeare

20 25. Dezember 1954: Die Ballade von **Johnny Ace**

24 3. Februar 1959: **Buddy Holly** – Der Tag, als die Musik starb

29 11. Dezember 1964: **Sam Cooke** – Ein Schuss im Motel

34 18. Mai 1967: **Brian Wilson** – Auf Sand gebaut

39 10. Dezember 1967: **Otis Redding** – Der Soulman, der vom Himmel fiel

44 3. Juli 1969: **Brian Jones** – Ein Stein verglüht

48 9. August 1969: **Charles Manson** – Um jemandem beim Sterben zuzusehen

54 18. September 1970: **Jimi Hendrix** – Todesfall in Notting Hill

59 4. Oktober 1970: **Janis Joplin** – Lebendig begraben im Blues

64 3. Juli 1971: **Jim Morrison** – Dies ist das Ende

69 18. September 1973: **Gram Parsons** – Der schwermütige Engel

74 25. November 1974: **Nick Drake** – Der zerbrechliche Troubadour

78 24. April 1975: **Badfinger** –
Rock 'n' Roll Suicide

83 5. Juni 1976: **Syd Barrett** –
Geisterstunde in Abbey Road

87 3. Dezember 1976: **Bob Marley** –
Schüsse in 56 Hope Road

92 16. August 1977: **Elvis Presley** –
Die Akte Graceland

97 16. September 1977: **Marc Bolan** –
Tod im Morgengrauen

102 20. Oktober 1977: **Lynyrd Skynyrd** –
Das Ding aus dem Sumpf

106 2. Februar 1979: **Sid Vicious & Nancy Spungen** –
Tödliche Romanze

111 19. Februar 1980: **Bon Scott** –
Highway zur Hölle

116 18. Mai 1980: **Ian Curtis** –
Tod im Reihenhaus

121 8. Dezember 1980: **John Lennon** –
Erdbeerfelder

127 19. März 1982: **Randy Rhoads** –
Ozzys Knappe

132 1. April 1984: **Marvin Gaye** –
Der Soul-Prinz

137 27. August 1990: **Stevie Ray Vaughan** –
Der Himmel weint

142 24. November 1991: **Freddie Mercury** –
Chronik eines angekündigten Todes

147 5. April 1994: **Kurt Cobain** –
Der Star, der keiner sein wollte

152 29. Mai 1997: **Jeff Buckley** –
Tod im Ol' Man River

157 22. November 1997: **Michael Hutchence** –
Suicide Blonde

162 6. Februar 1998: **Falco** –
Der Tod des Falken

167 25. Juni 2009: **Michael Jackson** –
Goodbye, Peter Pan!

173 23. Juli 2011: **Amy Winehouse** –
Der Rausch des Ruhms

179 11. Februar 2012: **Whitney Houston** –
Die Drama-Queen

184 21. April 2016: **Prince** –
Schock in Paisley Park

Bildnachweis   **191**

Danksagung   **193**

Namensregister   **194**

Vorwort
Wen die Götter lieben ...

... den rufen sie früh zu sich! Das Sprichwort wird dem römischen Dichter Titus Maccius Plautus (254 – 184 v. Chr.) zugeschrieben. Im lateinischen Original lautet es: »*Quem dei diligunt, adulescens moritur.*« Andere Quellen nennen als Ursprung den griechischen Dichter Menander (342 – 291 v. Chr.). Wer von beiden die Redewendung auch erfunden haben mag, eines steht fest: Das beschriebene Phänomen ist bekannt, seit sich die Menschheit für Kunst und Kultur interessiert. Schon die Griechen und Römer der Antike wussten: Wer von den Göttern so überreich mit Talent, Genie, Schöpfungs- und Schaffenskraft gesegnet wird, dem droht womöglich vorzeitiges Ableben. Auf Erden vollbringt der Held in einer kurzen Zeitspanne übermenschlich viele und große Taten – zum Lohn darf er dann früh in den Olymp aufsteigen und dort mit den Göttern speisen. Ein Schicksal, das dem Nachruhm förderlich ist. Nicht zuletzt, weil der so entstandene Mythos nicht altern kann. Denn er friert unser Bild des jugendlichen Götterlieblings für immer ein. Der Tod konserviert den Mythos in seiner reinsten Form.

Buddy Holly war nicht der erste und auch nicht der jüngste Star der Unterhaltungskunst, der früh dahinging: Am 3. Februar 1959 kam er mit gerade einmal 22 Jahren bei einem Flugzeugabsturz jedoch als erster strahlender Held der jungen Rockmusik zu Tode. Wolfgang Amadeus Mozarts (1756–1791) Leben währte gerade 35 Jahre, der Dichter Georg Büchner (1813–1837) verließ diese Welt mit 23, und der Startenor Enrico Caruso (1873–1921) wurde, wie auch der Ragtime-Erfinder Scott Joplin (1868–1917), nur 48. Vor allem in Hollywood waren von Anfang an zahlreiche viel zu frühe Todesfälle berühmter Leinwandstars zu beklagen. Rudolph Valentino (1895–1926) starb mit 31 Jahren, Jean Harlow (1911–1937) mit 26, Carole Lombard (1908–1942) mit 33, Gérard Philipe (1922–1955), den sie schon zu Lebzeiten »Liebling der Götter« nannten, mit 33, James Dean (1931–1955) mit 24 und Marilyn Monroe (1926–1962) mit 36.

Fast ausnahmslos waren sie schon zu Lebzeiten Weltstars, im Tod aber wurden sie zur Legende. Ihr kurzes, kometenhaftes Dasein erscheint wie ein Feuerwerk aus Glanz und Gloria, das zwar von einem tragischen Ende, nicht aber von den Schatten des Alterns und des nachlassenden Erfolgs verdunkelt wurde. Stars scheinen ein Leben nicht von dieser Welt zu leben. Folglich überhöhen wir unsere Idole gerne zu Halbgöttern, und unsere Bewunderung nimmt gleichsam religiöse Züge an – Ersatzgötter, nicht nur für pubertierende Jugendliche, wie die gerne benutzten Wendungen »anhimmeln« oder »verehren« verraten.

Unabhängig ob auf der Leinwand, auf der Bühne oder in anderen Bereichen der Kunst und nicht zuletzt auch auf den Spielfeldern des Sports: Stars spiegeln die Sehnsüchte unserer westlichen Freizeit- und Konsumgesellschaft – Jugendlichkeit, Schönheit, materiellen Erfolg und nicht zuletzt eine starke, unabhängige Persönlichkeit, die durchaus unangepasst sein darf. Stars sind das Beispiel, sind das Vorbild, das wir idealisieren, das uns inspiriert. Und sie verfügen über ein außergewöhnliches Charisma, dem wir als Publikum erliegen. Der Lohn, den sie für ihre einzigartigen Leistungen einstreichen, ist, so scheint es, ein Dasein jenseits aller Beschränkungen, denen der gewöhnliche Erdenbürger sich ausgesetzt sieht – anders als wir genießen Stars Ruhm, Reichtum, Genuss im Übermaß und eine privilegierte Existenz von nahezu unbegrenzter Freiheit.

Die Kehrseite der glorreichen Medaille: Wer auf Erden einmal einen solchen gottgleichen Status erreicht hat, mag ihn freiwillig kaum wieder aufgeben. Also ist er dazu verdammt, immer weiter zu glänzen, auch im nächsten Film wieder zu überzeugen und die Menschen ins Kino zu locken, auch mit dem nächsten Song einen Hit zu landen und in jedem neuen Spiel den Gegner zu besiegen. Nicht alle halten diesen Druck aus, jedenfalls nicht ohne Hilfsmittel. Alkohol-, Drogen- und Medikamentenmissbrauch sind nur allzu oft die Folge. Jenseits der dicken Mauern luxuriöser Privatdomizile, in der Einsamkeit sündhaft teurer Hotelsuiten und in den Künstlergarderoben des Showbusiness werden sie nur allzu leicht zur alltäglichen Begleiterscheinung hinter der glamourösen Fassade.

Wer den Erfolg nach langen Jahren des Sich-Hocharbeitens genießt, ist dabei in der Regel gegen die Fallstricke des Ruhms besser gefeit als ein junger Künstler, der, kaum der Pubertät entwachsen und entsprechend wenig gefestigt, quasi über Nacht zum Star und damit rund um die Uhr auch zum Objekt einer unerbittlichen Beobachtung durch Fans und Massenmedien wird. Nicht jeder ist in der Lage, souverän die öffentliche von der privaten Seite seiner Persönlichkeit zu trennen. Nicht jeder verfügt schon in jungen Jahren über die nötige Abgebrühtheit, um bösartige Berichterstattung folgenlos an sich abperlen zu lassen. Und nicht jeder bleibt auf dem Boden der Tatsachen. Mancher hebt ab und stürzt, andere zerbrechen unter dem Druck. Beispiele gibt es genug, sie reichen von Kurt Cobain und Joy-Division-Sänger Ian Curtis, die ihrem Leben jeweils selbst ein Ende setzten, über Amy Winehouse und AC/DC-Frontmann Bon Scott, die sich schlicht und einfach totsoffen, bis hin zu Hochbegabten wie Beach-Boys-Mastermind Brian Wilson und Pink-Floyd-Gründer Syd Barrett, die in das Niemandsland einer psychischen Krankheit abdrifteten.

Seit jeher hat sich die Popkultur das Motto »Live fast, love hard and die young!« auf die Fahnen geschrieben. Entlehnt ist die Devise dem gleichnamigen 1955er-Hit von Faron Young, der es seinerzeit in den Country & Western-Charts auf Platz eins brachte. Zwar hatte Young damit keineswegs die todesverachtende Kompromisslosigkeit im Sinn, die das Leben etwa von Janis Joplin, Jimi Hendrix und Jim Morrison zur ungezügelten Tour de Force am Rand des Abgrundes machte. Der Countrysänger meinte damit eher augenzwinkernd die Lebensfreude des kernigen Westerners und dessen stolze Manneskraft – schließlich lautete eine weitere Textzeile des Songs »I want to leave a lot of happy women«. Dennoch wurde Youngs Leitsatz im Verein mit einem weiteren, nämlich »hope I die before I get old« aus dem The Who-Hit »My Generation« von 1965, zum Imperativ der klassischen Popkultur und zur Lebensmaxime vieler ihrer Künstler, allen voran der Musiker. Und auf den Punkt brachte es schließlich Neil Young in seinem Song »Hey Hey My My (Out of the Blue)«: »It's better to burn out / than to fade away«!

Da erstaunt es wenig, dass die Popmusik seit den 1950er Jahren Frühvollendete zu Dutzenden hervorgebracht hat. Zum berüchtigten »Club 27«, also dem Kreis der mit 27 Jahren Verstorbenen wie Brian Jones, Jim Morrison, Jimi Hendrix, Janis Joplin, Kurt Cobain und Amy Winehouse, zählen da noch die wenigsten. Auch Pophelden mittleren Alters, etwa Michael Jackson (50), Prince (57), Elvis Presley (42), Whitney Houston (48) und Freddie Mercury (45), wurden zu Opfern ihres Ruhms und des damit verbundenen Lebensstils – die drei Erstgenannten starben an Tablettenmissbrauch, der Queen-Sänger an den Folgen einer AIDS-Infektion.

Kein Zweifel also: Popmusiker leben gefährlicher als gewöhnliche Menschen. Nicht zuletzt auch deshalb, weil sie überdurchschnittlich viel unterwegs sind – mit dem Auto, im Bus und im Flugzeug. Da nimmt es nicht wunder, dass ein beträchtlicher Teil der tragischen Todesfälle in die Kategorie der Unfälle on the road fällt. Zu ihnen zählen zum Beispiel die des bereits erwähnten Buddy Holly sowie die von Otis Redding, Marc Bolan, Lynyrd Skynyrd, Randy Rhoads, Stevie Ray Vaughan und Falco.

Das Dasein als Popidol erfordert nicht nur die nötige Portion Talent und Glück, es verlangt auch eine geradezu teflonbeschichtete und überdurchschnittlich gefestigte Persönlichkeit, die den Widersprüchen, Versuchungen, Illusionen und sonstigen Fallstricken eines solchen Lebens standhalten kann. Und damit sind nicht nur Drogenmissbrauch, die Risiken des Reisens und die, wie im Fall von John Lennon, mitunter todbringende Verehrung eines Massenpublikums gemeint. Genauso verheerend können sich ein betrügerisches Management, eine misslungene Karrierestrategie und der unbarmherzige Druck einer ausschließlich am kommerziellen Ertrag interessierten Musikbranche auswirken. Ganz zu schweigen von Faktoren wie schlichtem Pech und den unberechenbaren Wendungen des Zeitgeistes.

Und was ist mit den allzu menschlichen Sollbruchstellen, die in einer hochtalentierten Künstlerpersönlichkeit quasi per definitionem angelegt sind? Musste ein kindliches Gemüt wie das von Michael Jackson nicht irre werden an der kalten Wirklichkeit einer, so muss man sagen, geldgeilen Millionenbranche und an den zynischen Spielregeln ihres Starsystems?

Wie ist es auszuhalten, wenn man wie zum Beispiel Janis Joplin in dem einen Moment noch seine tiefsten Emotionen vor Zehntausenden von Menschen offenbart hat, die einen dafür auf Händen getragen haben, und im nächsten Moment in einem sterilen Hotelzimmer in einer namenlosen Stadt sitzt, allein mit sich und der Gewissheit, doch kein Gott, sondern nur ein ganz gewöhnlicher, von Selbstzweifeln und Einsamkeit geplagter Mensch zu sein?

Und was, wenn ein solcher Künstler von Natur aus scheu, zurückhaltend und im Umgang mit der Welt eher ängstlich ist? Freddie Mercury gehörte zu denen, die eine Kunstfigur schufen, mit der sie das glatte Gegenteil ihres eigentlichen Ichs verkörperten – so wurde sein Leben zum waghalsigen Balanceakt zwischen seinem schüchternen Naturell und dem Image des öffentlichen Queen-Zampanos.

Kurt Cobain dagegen hätte, so scheint es, ab einem bestimmten Punkt in seiner Karriere auf öffentliche Präsenz auch gern verzichtet, wenn er dafür nur ungestört und ohne Druck seinen künstlerischen Visionen hätte weiter folgen dürfen.

Andererseits darf man bei weltweit verehrten Popidolen wie Jim Morrison, Brian Jones und Elvis Presley – allesamt Männer, die sich im Rampenlicht wohlfühlten – wohl auch einen fatalen Verlust des Realitätssinns vermuten, der ihr Ende zumindest mitbeschleunigt haben dürfte.

Wie gesagt: Nicht jeder hält das aus. Und viele von denen, die es nicht aushalten, zerbrechen – nicht zuletzt auch an der unerbittlichen Erwartungshaltung, die wir, ihr Publikum, ihnen entgegenbringen: Wir machen Künstler, die zunächst nichts als ihre Kunst im Sinn haben (auch wenn damit oftmals gehöriger Ehrgeiz und ein überdurchschnittlicher Drang zur Selbstdarstellung einhergehen), zu Halbgöttern. Und wir erwarten, dass sie dieser Rolle gerecht werden, dass sie gleichsam stellvertretend unsere Träume von Glück, Ruhm und Erfolg leben, rund um die Uhr und ohne Makel. Erst recht im Zeitalter von Twitter, Facebook und Instagram, wo uns die Stars des Pop näher denn je zu sein scheinen.

Was aber macht das mit uns, den Fans, wenn ein Idol stirbt, noch dazu in jungen Jahren? Wir fühlen uns allein und im Stich gelassen, verraten von unseren Helden: Wie soll das Leben nun ohne sie weitergehen? Entsprechend artikulieren die Fans in den sozialen Netzwerken Gefühle wie Schock, Trauer und Hilflosigkeit, sobald wieder mal ein Prominenter des Popzirkus überraschend das Zeitliche gesegnet hat. Was bleibt, ist ein Märchen, ein Mythos, ein Schatz im Tempel der Erinnerungen.

Dieses Buch erzählt einige der tragischsten und traurigsten Geschichten der Rock- und Popmusik. Dabei sind die prominentesten Fälle ebenso vertreten wie einige nicht ganz so bekannte – etwa die um die walisische Rockband Badfinger, deren Mitglieder Pete Ham und Tom Evans von einem korrupten Management, man muss das wirklich so bezeichnen: in den Tod getrieben wurden. Oder der Fall des jungen amerikanischen R'n' B-Sängers Johnny Ace, der Mitte der 1950er Jahre das unselige Russische Roulette in der populären Musik einführte. Heute fast vergessen ist auch der Soul-Pionier Sam Cooke, dem ein sexuelles Abenteuer zum tödlichen Verhängnis wurde. Ein weiterer Pionier war Hank Williams, der kurz nach dem Zweiten Weltkrieg zum Vater der modernen Country Music wurde. Als sein geschundener Körper aufgab, war er noch keine 30. Nur noch Spezialisten dürften mit dem Namen Randy Rhoads etwas anfangen können, der hochbegabte Gitarrist an der Seite von Ozzy Osbourne starb 25-jährig durch einen ebenso tragischen wie überflüssigen Unglücksfall. Und zu Lebzeiten ebenfalls ein sehr geheimer Geheimtipp war Nick Drake, der sich 1974 das Leben nahm. Erst Jahrzehnte nach seinem Tod entdeckte eine ihm seither treu ergebene Fangemeinde sein großartiges Werk. Gleiches gilt für den 1973 verstorbenen Country-Rock-Pionier Gram Parsons, mit dessen Tod sich zudem eine der bizarrsten Anekdoten der Rockhistorie verbindet.

Einen Anspruch auf Vollständigkeit erheben die hier vorgestellten Poptragödien keinesfalls. So fehlen Künstler wie Johnny Thunders, Duane Allman, Cass Elliott, Paul Kossoff, Keith Moon, Gene Vincent, Eddie Cochran, Jim Croce, die Rapper Tupac Shakur, The Notorious B. I. G., der Milli-Vanilli-Darsteller Rob Pilatus, Cliff Burton, Chris Cornell, Chester Bennington sowie der DJ Avicii. Sie alle und noch einige mehr ebenfalls zu berücksichtigen, hätte den Rahmen dieses Buchs gesprengt. Verlag und Autor hoffen dennoch, dass *Live fast, love hard and die young!* dem Leser eine gelungene Mischung aus prominenten und weniger prominenten, in jedem Fall aber spannenden und aufregend bebilderten Geschichten bietet.

1. Januar 1953
Das Ende des Hillbilly-Shakespeare

Das Ende war traurig. Als es so weit war, hatte der Tod eine gequälte Seele erlöst: In der Neujahrsnacht des Jahres 1953 starb mit dem erst 29-jährigen **Hank Williams** *der Begründer der modernen Countrymusic.*

Charles Carr war ein einfacher Junge aus Montgomery, Louisiana. Der 18-jährige Sohn eines Autoverleihers besuchte das College und wollte sich zu Silvester 1952 ein paar Dollar zusätzlich verdienen. Also erklärte er sich bereit, einen Fahrgast zunächst nach Charleston, West Virginia, und dann weiter nach Canton, Ohio, zu chauffieren. Der Job wurde zum Horrortrip.

Der Passagier hieß Hank Williams. In den Jahren zuvor war er zum Star der Country & Western-Szene aufgestiegen. Hits wie »Lovesick Blues«, »Jambalaya« und »Cold Cold Heart« hatten den hageren Mann mit dem verschmitzten Lachen berühmt gemacht. Stars wie Tony Bennett und Jo Stafford hatten seine Songs gar zu landesweiten Pophits gemacht. So steil jedoch Williams' Erfolgskurve seit 1946 angestiegen war, so unaufhaltsam hatte sich sein Gesundheitszustand verschlechtert. Von Geburt an litt er unter einer Fehlbildung der Wirbelsäule, die ihm höllische Schmerzen bereitete. Darüber war er zum Trinker und Morphinisten geworden. Im Spätherbst 1952, er war gerade 29 Jahre alt und die Ärzte hatten ihm ein lästiges Korsett verschrieben, ahnte er, dass sein Körper im Begriff war, den Widerstand aufzugeben. Erste Herzprobleme traten auf, nachts konnte er kaum schlafen, er hatte Fieberschübe, Atemprobleme und litt immer öfter unter Inkontinenz. Die Körperpflege vernachlässigte er zusehends, trat mit wirrem Haar und vom Dauerschnupfen geröteter Nase auf, war nur noch Haut und Knochen, im Gesicht aufgedunsen, fahrig in seinen Bewegungen, unkonzentriert und verwirrt: Ein menschliches Wrack. Sein Stolz, seine Würde, sein Esprit – all das war dem schmächtigen, geschwächten Mann restlos abhandengekommen.

Und beruflich schien er trotz seiner Charterfolge am Ende: Sein Manager hatte ihn verlassen, die Grand Ole Opry, wichtigste Bühne und Herzkammer der Country & Western Szene, hatte ihn hinaus-

Der Vater der modernen Country-Music: Hank Williams 1951 bei WSM, Nashvilles erstem TV-Sender

geworfen. Kaum noch ein Konzertveranstalter wollte ihn buchen, da man sich einfach nicht darauf verlassen konnte, dass er pünktlich und nüchtern auf der Bühne erscheinen würde.

Als Hank Williams die Engagements in Charleston und Canton antreten will, ist er ein todgeweihter Mann. Bevor er am Nachmittag des 30. Dezember 1952 in seinem von Carr gesteuerten Cadillac die Stadt verlässt, holt er sich noch ein Morphium-Rezept. Williams trägt einen blauen Anzug, einen marineblauen Mantel, weiße Cowboystiefel und einen weißen Filzhut. Es ist kalt und regnerisch. Als sie nach einer Übernachtung in Birmingham bei Schneetreiben erst mittags in Knoxville, Tennessee, ankommen, weiß der Sänger, dass er es nur noch mit dem Flugzeug rechtzeitig nach Charleston schaffen kann. Wegen des schlechten Wetters aber fällt diese Option aus. Die Show wird ohne ihn stattfinden. Chauffeur und Sänger mieten sich daraufhin im Andrew Johnson Hotel ein. Carr besorgt im Hotel etwas zu essen und verfrachtet den wieder einmal betrunkenen Williams ins Bett. Im Laufe des Abends bekommt der schwere Schluckbeschwerden, woraufhin Carr Williams' Leibarzt, einen Quacksalber namens Toby Marshall, in Montgomery anruft. Der empfiehlt Morphiumspritzen mit Vitamin-B-12-Beigabe. Anschließend bugsieren zwei Hotelangestellte Williams hinunter zum Auto, wo sie ihn auf den Rücksitz hieven und mit einer Decke und seinem Mantel zudecken. Als Carr losfährt, ist es viertel vor elf Uhr abends. Nach Canton, dem nächsten Auftrittsort nach Charleston, sind es gut 800 Kilometer, und Stagetime für Hank ist schon um 14 Uhr am nächsten Tag.

Irgendwann vor Mitternacht wird der Cadillac in Grainger County, Tennessee, von dem Streifenpolizisten Swan Kitts angehalten, dessen Fahrzeug Carr bei einem Überholmanöver beinahe frontal gerammt hätte. Der Polizist sieht den leblosen Hank auf dem Rücksitz und wird misstrauisch. Er fragt Carr, ob alles in Ordnung sei. Der nickt und erklärt, dass sein Passagier vom Arzt eine Beruhigungsspritze bekommen habe und nun schlafe. Kitts begleitet den Wagen in das nahegelegene Städtchen Rutledge, wo Carr wegen seines Verkehrsvergehens vom Friedensrichter zu einer Geldbuße in Höhe von 25 Dollar verurteilt und dann entlassen wird.

Um ein Uhr setzen die beiden ihre bizarre Fahrt fort. Als Carr in den frühen Morgenstunden an ›Burdette's Pure Oil Station‹ nahe Oak Hill, Ohio, einen Zwischenstopp einlegt, wird ihm klar, dass

»I'll never get out of this world alive«: Williams' Trauerfeier am 4. Januar 1953 in Montgomery, Alabama

sein Passagier, der schon eine Weile keinen Mucks mehr von sich gegeben hat, nicht mehr lebt. Der hilflose Junge fährt zum nächsten Hospital, wo am Neujahrstag um sieben Uhr morgens Hanks Tod festgestellt wird.

Was tatsächlich in jener Nacht geschah, ist bis heute nicht restlos geklärt. Einer anderen Version der Geschichte zufolge soll Carr bereits an Burdettes Tankstelle die Polizei benachrichtigt haben, die sofort einen Streifenwagen geschickt habe, der den Cadillac dann zum Hospital nach Black Oak geleitete. Der genaue Todeszeitpunkt jedenfalls konnte nicht ermittelt werden. Der diensttuende Arzt hielt es gar für möglich, dass der Tod bereits im Hotel in Knoxville eingetreten war. Dem steht allerdings entgegen, dass die beiden Hotelbediensteten, die Hank dort ins Auto gebracht hatten, später behaupteten, ihn noch husten gehört zu haben.

Ganz geheuer schien den Behörden der sonderbare Todesfall jedenfalls nicht, sie veranlassten eine Obduktion. Das Ergebnis: Einstichspuren an Hanks Unterarmen, Blutungen am Herzen und im

Nacken, dazu Spuren übler Schläge – Williams musste vor nicht allzu langer Zeit einen heftigen Tritt in die Leiste bekommen haben. Als Todesursache wurde ein Versagen der rechten Herzkammer protokolliert. Im Blut des Toten fanden sich Spuren von Alkohol, nicht aber von Drogen – dies vor allem aber wohl deshalb, weil nicht danach gesucht wurde. Im Fond des Unglücksautos wurde neben ein paar Bierdosen ein unvollendetes Textmanuskript mit dem ahnungsvollen Titel »Then Came That Fateful Day« sichergestellt.

Die Beerdigung fand bereits drei Tage später am 4. Januar in Montgomery statt. An diesem Sonntagmorgen hielten sich vor dem Municipal Auditorium, in dem die Zeremonie abgehalten wurde, rund 20 000 Menschen auf. Williams war in seinem weißen Bühnenanzug aufgebahrt worden, in den Händen hielt er eine Bibel. Sein Sarg war geschmückt mit Blumengebinden in Gitarrenform.

In diesem kalten Januar eroberte ein neuer, bei Williams' letzter Session im November 1952 aufgenommener Song die Charts. Dass MGM ausgerechnet »I'll Never Get Out Of This World Alive« ins Rennen geschickt hatte, war keine Absicht – die Platte war bereits im Dezember veröffentlicht worden. Der Fahrer Charles Carr sollte die Nacht, als der Hillbilly-Shakespeare Hank Williams starb, bis ans Ende seiner Tage nicht vergessen.

25. Dezember 1954
Die Ballade von Johnny Ace

*Seinen Namen kennt kaum einer. Bob Dylan und Elvis Presley aber coverten seine Hits, und Paul Simon verewigte **Johnny Ace** in einem seiner Songs. Wer war der Mann, der eine der makabersten Traditionen der Showgeschichte begründete?*

Die Annalen der Rockmusik halten traurige Legenden bereit, mysteriöse und amüsante. Auch solche, die nicht wahr sind. Und auch viele, die man kaum glauben möchte. Eine der tragischsten stammt aus einer Zeit, als der Rock 'n' Roll gerade erfunden wurde. Es ist 1954 ...

Down in Houston, Texas, on a Christmas night
With a gun in his hand and his name up in lights
He was young and handsome, the Prince of the Blues
In a sharkskin suit and alligator shoes

Was der US-Singer/Songwriter Dave Alvin hier zu einem messerscharfen Bluesgitarrenriff hören lässt, ist die wahre Geschichte des John Marshall Alexander Jr., geboren am 9. Juni 1929 in Memphis, Tennessee. Der Song heißt »Johnny Ace Is Dead«, stammt von Alvins 2011er-Album ELEVEN ELEVEN und berichtet, was sich am Abend des ersten Weihnachtstages 1954 in Houston, Texas, zutrug. Dort nämlich gibt Johnny Ace, wie sich Alexander als Sänger nannte, ein Konzert.

He was flirting with some women who had come backstage
He said: »Ladies, want to see me play a wild little game?«
But Big Mama Thornton said: »Go, sing your song
And put that damn thing down before something goes wrong!«

In der Pause zwischen zwei Sets kommt es in der Garderobe zu einem folgenschweren Zwischenfall. Big Mama Thornton ist mit von der Partie. Die schwergewichtige Rhythm 'n' Blues-Sängerin (»Hound Dog«, »Ball & Chain«) erzählte die Geschichte später so: »Er spielte mit der Pistole, es war aber kein Russisches Roulette. Er hat damit erst auf seine Freundin und dann auf eine andere Frau gezielt, die in

»The Prince of the Blues«: eines der wenigen erhaltenen Fotos von Johnny Ace

der Nähe saß, aber nicht gefeuert. Dann hat er die Waffe auf sich selbst gerichtet, und sie ging los, der Schuss traf ihn seitlich in den Kopf.«

Curtis Tillman, Bassist in Big Mamas Tourband, erinnerte sich in einem entscheidenden Detail anders: »Johnny Ace hatte getrunken und wedelte mit der Pistole am Tisch herum, bis jemand sagte: ›Sei vorsichtig mit dem Ding!‹ Und er antwortete: ›Es ist okay, die Waffe ist nicht geladen! Siehst Du?‹ Dann grinste er und hielt sie sich an den Kopf. Bang! Sehr traurige Sache. Schreiend rannte Big Mama aus der Garderobe: ›Johnny Ace hat sich gerade getötet!‹«

Ob Russisches Roulette oder ein Versehen – am ersten Weihnachtstag 1954 stirbt Johnny Ace. Er ist gerade einmal 25 Jahre alt.

The band leader set his saxophone down and said
»I think I better split before the cops come 'round«
While the crowd in the theater slowly drifted away
With their heads hung low, not sure of what to say

Das Publikum verlässt den Ort des Geschehens mit gesenkten Köpfen. Und so mancher denkt dabei über die kurze, höchst erfolgreiche Karriere des Toten nach. Zum ersten Mal gehört haben die meisten von dem schwarzen Jungen mit dem samtweichen Tenor wohl zwei, drei Jahre zuvor, als ihn die Discjockeys der Rhythm 'n' Blues-Sender im US-Süden entdeckt hatten. Das Lied hieß »My Song«, und es war eine langsame, zu Tränen rührende Ballade, die Johnny mit reichlich Herz ins Mikrophon gesungen hatte.

Bis kurz zuvor hatte der Sänger als Soldat im Koreakrieg gedient. Zurück in Memphis, heuerte er dann als Pianist in der Band von B. B. King und Bobby Bland an. King jedoch hatte sich wenig später verabschiedet, um nach Los Angeles zu gehen, und Ace die verbliebene Band übernommen, bei Duke Records unterschrieben und mit »My Song« seine erste Platte gemacht. Im September 1952 hatte das Lied Platz eins der Rhythm 'n' Blues-Charts erobert und Johnny damit einen Blitzstart ins Plattenbusiness beschert. Don Robey, der Boss des kleinen Duke-Labels, war zufrieden mit seinem Schützling. Und in den folgenden beiden Jahren hatten die beiden noch genügend Gründe, die eine oder andere Flasche Champagner zu köpfen.

Kurzum: Johnny schien der nächste Big Shot zu werden. Er sah klasse aus, wusste sich zu kleiden und hatte einen ziemlichen Schlag bei den Ladies – nicht nur, wenn er auf der Bühne stand. Und seine weiteren Platten, allesamt nach dem bewährten »My Song«-Strickmuster produziert, schafften es zuverlässig in die R 'n' B-Charts: Insgesamt acht Hits in Folge, darunter Titel wie »Cross My Heart«, »Never Let Me Go« (später von Bob Dylan gecovert) und »Saving My Love For You«, hat er gelandet. Die US-Discjockeys wählten ihn Ende 1954 folgerichtig zum vielversprechendsten Künstler des Jahres. Und nun das.

> *But Big Don Robey, the record company man*
> *With big diamond rings on both of his hands*
> *Said, »I'm gonna send him back to Memphis in a refrigerated truck*
> *Cause Johnny Ace is gonna make me a million bucks«*

Dass Robey am toten Johnny Ace tatsächlich eine Million Dollar verdient hat, darf bezweifelt werden. Sicher aber ist, dass sich der postum veröffentlichte Titel »Pledging My Love« Anfang 1955 zu dessen größtem Hit entwickelt. Zehn Wochen lang belegt er Platz eins der R 'n' B-Charts und knackt, selten genug in diesen Zeiten, sogar die Top Twenty der Popliste. Später wird der Song unter anderem von Elvis Presley, Percy Sledge, Roy Orbison und Emmylou Harris neu interpretiert. Als man Johnny am 9. Januar 1955 in Memphis zu Grabe trägt, erweisen ihm 5000 Menschen die letzte Ehre.

> *When Johnny came home to Memphis, Tennessee*
> *Everyone on Beale Street came out to see*
> *There were pimps and gamblers, husbands and wives*
> *Women young and old, all came to say goodbye*
> *And as the choirs sand and the preachers prayed*
> *Five thousand mourners marched him to his grave*
> *Well, there may be a heaven and there may be a hell*
> *No one knows for sure but now Johnny Ace knows damn well*

Wohl wahr. Johnny Ace weiß nun, ob es einen Himmel gibt. Und wir wissen, dass er der erste Showstar war, der sich mit einem Revolver versehentlich dorthin geschossen hat. Damit begründete der Verblichene eine makabre Tradition – ihm folgten prominente Kollegen, darunter 1978 der Gitarrist Terry Kath von Chicago und 1984 der US-Schauspieler Jon-Erik Hexum.

3. Februar 1959
Der Tag, als die Musik starb

Es ist die Mutter aller Pop-Tragödien: Am 3. Februar 1959 starb der erst 22-jährige Sänger **Buddy Holly** *bei einem Flugzeugabsturz im US-Bundesstaat Iowa. Mit an Bord der Unglücksmaschine waren auch Ritchie Valens (17) und The Big Bopper (28).*

Für Bill McGill, den stellvertretenden Bezirkssheriff von Cerro Gordo, Iowa, ist es ein grausiger Anblick. Als er an diesem klirrend kalten Februarmorgen des Jahres 1959 an der Einmündung Gull Avenue / 315th St., etwa fünf Meilen nördlich von Clear Lake, aus seinem Auto klettert, pfeift ihm eisiger Wind ins Gesicht. Er steht inmitten schneebedeckter Felder: Es ist gespenstisch still, und unmittelbar vor sich sieht er das vollkommen zerstörte Wrack eines Kleinflugzeugs. Nur wenige Meter entfernt liegen zwei tote Männer im Schnee. Kein Zweifel, es handelt sich um die Beechcraft Bonanza, die in der Nacht zuvor am Mason City Municipal Airport gestartet ist. Auf einem steil in den Winterhimmel ragenden Wrackteil ist die Kennnummer des Flugzeugs N3794N zu lesen. Und ebenso wenig Zweifel hat McGill daran, dass diesen Absturz niemand überlebt haben kann. Alle vier Insassen – Pilot Roger Peterson sowie die Passagiere Buddy Holly, Ritchie Valens und J. P. »The Big Bopper« Richardson – sind tot. Über Funk ruft McGill sein Büro an und berichtet.

Die Nachricht verbreitet sich wie ein Lauffeuer: Zuerst meldet der kleine Lokalsender KRIB das Unglück, bald schon weiß es die ganze Nation. Auch die schwangere María Elena Holly in New York. Seit sechs Monaten ist die 26-Jährige mit Buddy verheiratet. Durch das Fernsehen erfährt sie von der Katastrophe, die sich im fernen Iowa zugetragen hat. Sie erleidet eine Fehlgeburt.

Eine der Folgen dieses traurigen Tages wird eine neue Richtlinie bei Polizei und Feuerwehr sein, der zufolge die Namen von Unfall- und Verbrechensopfern nicht mehr an die Presse gegeben werden dürfen, bevor die jeweiligen Angehörigen benachrichtigt worden sind.

Bei der Untersuchung des Unglücks kommen haarsträubende Begleitumstände ans Licht. Buddy Holly und seine Begleitband befanden sich auf einer 24 Stationen umfassenden Tournee durch den

Rockpionier mit Fender-Gitarre und Hornbrille: Buddy Holly im März 1958 bei einem TV-Auftritt für die englische BBC

mittleren Nordwesten der USA. Zum Billing gehörten neben Holly und seiner Begleitband auch der 17-jährige Shooting-Star Ritchie Valens aus Los Angeles, der gerade mit »La Bamba« seinen Einstandshit gelandet hatte. Dazu standen Abend für Abend The Big Bopper (»Chantilly Lace«), der junge Dion DiMucci mit seiner Gesangsgruppe The Belmonts und der noch wenig bekannte Sänger Frankie Sardo auf der Bühne.

Der Tourplan dieser »Winter Dance Party« genannten Unternehmung hätte strapaziöser nicht sein können: Zwischen den Konzerten gibt es keinen einzigen Tag Pause, und die einzelnen Stationen der Reise sind so unvorteilhaft gelegt worden, dass der Tross mit dem Tourbus fast täglich Distanzen von bis zu 500 Meilen hinter sich bringen muss, um von einem Auftrittsort zum anderen zu gelangen – und dies bei Außentemperaturen im deutlich zweistelligen Minusbereich. Dafür stellt man den Musikern ausgemusterte Schulbusse zur Verfügung, die kaum länger als drei Tage halten. Holly-Biograph Bill Griggs hat errechnet, dass auf den absolvierten elf Tour-Etappen fünf verschiedene Fahrzeuge benutzt wurden, bei denen etwa die Motoren den Geist aufgaben und regelmäßig die Heizungen ausfielen. Carl Bunch, Drummer in Hollys Band, muss deshalb unterwegs mit Erfrierungen an den Füßen in ein Krankenhaus eingeliefert werden. Zudem reisen die Musiker ohne eine Tour-Crew und sind folglich für den Auf- und Abbau ihres Equipments vor Ort selbst zuständig. Geschlafen wird im Bus, Wäsche waschen, Körperpflege etc.: Fehlanzeige. Kein Wunder, dass unterwegs einer nach dem anderen krank wird.

In Clear Lake, der elften Station der Reise, hat Buddy Holly dann auch die Nase voll. Er bittet Carroll Anderson, den Manager des Surf Ballroom, wo die Show stattfinden soll, ein Flugzeug zu chartern, damit zumindest er und seine Band zügig ins knapp 400 Meilen entfernte Fargo, North Dakota, kommen, wo der nächste Auftritt stattfinden soll. Sie wollen endlich einmal etwas Schlaf bekommen und sich um ihre Wäsche kümmern können. Für 108 Dollar bucht Anderson auf dem nahegelegenen Flugplatz in Mason City die Maschine einer kleinen Charterfirma. Drei Passagiere können mitfliegen, macht pro Nase 36 Dollar (heute etwa 250 €). Neben Holly sollen Bassist Waylon Jennings und Gitarrist Tommy Allsup dabei sein. Beide aber bleiben letztlich am Boden: Jennings, der in den 1970er Jahren einer

Klirrend kalter Februarmorgen: Das Flugzeugwrack, in dem Buddy Holly, Ritchie Valens und The Big Bopper starben

der bekanntesten Stars der US-Countryszene werden sollte, gibt seinen Platz dem grippekranken Big Bopper, und Tommy Alsup verliert sein Ticket kurz vor dem Abflug im Würfelspiel an Ritchie Valens.

Um kurz nach halb eins in der Nacht erreichen die drei Passagiere den Flugplatz. Der 21-jährige Pilot Roger Peterson wartet schon. Zwar hat er bereits einige Flugerfahrung gesammelt, über eine Lizenz zum Instrumentenflug aber verfügt er nicht. Das Wetter soll unterwegs schlecht werden, ein Blizzard ist angekündigt. Peterson aber wird nicht informiert.

Es ist 0:55 Uhr Ortszeit. Hubert J. Dwyer, der Besitzer der Charterfirma, sieht seine Maschine ohne Zwischenfälle starten. Dann aber beobachtet er, wie ihre Rücklichter langsam und stetig am Horizont tiefer sinken. Er versucht, den Piloten zu erreichen. Der aber meldet sich nicht mehr. Auch kann der Flugplatz in Fargo die Ankunft der Bonanza-Maschine bis zum Morgen nicht bestätigen. Erst gegen neun Uhr ist es hell genug, so dass sich Dwyer in eine andere Maschine setzen und nach seinem verschollenen Flugzeug suchen kann. Er entdeckt es ungefähr fünf Meilen nördlich von Clear Lake und benachrichtigt das Büro des Sheriffs. Bill McGill fährt zur Absturzstelle und findet die Leichen von Valens und Holly neben dem Flugzeug. Die von Richardson liegt etwas weiter entfernt, Pilot Peterson ist im Wrack eingeklemmt.

Zum Zeitpunkt seines Todes war Buddy Holly erst 22 Jahre alt, galt aber längst schon als einer der einflussreichsten Musiker des Rock 'n' Roll. Seit 1957 hatte er eine stattliche Hitserie gelandet, darunter »That'll Be The Day«, »Peggy Sue« und »Oh Boy!«. Zudem war er der erste Musiker, der die klassische Rockbandbesetzung mit zwei Gitarren, Bass und Drums etablierte. Jede Menge spätere Stars, allen voran die Beatles und die Rolling Stones, beriefen sich ausdrücklich auf seine Musik.

Der 3. Februar ging in die Pop-Annalen ein als der Tag, an dem die Musik starb. Maßgeblich verantwortlich für diese Formulierung ist der US-Singer/Songwriter Don McLean, der die Tragödie um Buddy Hollys Tod in seinem Welthit »American Pie« verarbeitete: »I can't remember if I cried / when I read about his widowed bride, / something touched me deep inside / the day the music died.«

11. Dezember 1964
Ein Schuss im Motel

*Zweifel an der offiziellen Version bestehen bis heute: Am 11. Dezember 1964 wurde **Sam Cooke** in einem Motel in Los Angeles erschossen. Obwohl nie in Frage stand, wer geschossen hat, führen die unklaren Begleitumstände der Tat bis heute zu Spekulationen...*

Zwei Anrufe gehen an diesem 11. Dezember 1964 in der Notrufzentrale der Los Angeles Police ein, und beide hängen zusammen: Zuerst meldet sich eine gewisse Elisa Boyer und behauptet, sie sei gerade nur knapp einer Entführung und Vergewaltigung entkommen. Wenige Augenblicke später geht ein weiterer Notruf ein, diesmal von Evelyn Carr: Sie gibt sich aus als die Besitzerin des Hacienda Motel, 9137 South Figueroa St., und berichtet, dass sie soeben mit ihrer Angestellten Bertha Franklin im Motel telefoniert und dabei mitgehört habe, wie es zwischen Franklin und einem Gast zu einem heftigen Streit gekommen und dabei ein Schuss gefallen sei.

Als die Polizei wenig später am Tatort eintrifft, findet sie in Franklins kleinem Portiersbüro einen leblosen Mann auf dem Boden. Sein Körper ist seitlich an den Türrahmen gelehnt, sein Kopf nach vorn geneigt und gegen die Wand gelehnt, ein Bein ist angewinkelt, der Mann trägt nichts als ein dunkles Sakko und einen Schuh, er ist 33 Jahre alt, tot und Sam Cooke, Amerikas erfolgreichster schwarzer Sänger.

Nachdem die Polizei die Aussagen aller Beteiligten aufgenommen und die Indizien ausgewertet hat, ergibt sich folgender Verlauf des Abends: Zunächst hat Cooke im Restaurant Martoni's zu Abend gegessen und getrunken. Dort hat er die 22-jährige Elisa Boyer kennengelernt. Anschließend haben beide zusammen das Restaurant verlassen. Boyer will Cooke gebeten haben, sie nach Hause zu fahren. Der Sänger aber hielt mit seinem Ferrari vor dem Motel, checkte dort ein und nahm Boyer mit auf sein Zimmer. Dort soll er sie auf das Bett geworfen und ihr das Kleid zerrissen haben. Als er sich daraufhin ins Bad begab, ergriff Boyer die Chance, floh und nahm dabei Cookes Kleidung mit – versehentlich, wie sie behauptete. Der aufgebrachte Cooke rannte daraufhin nur mit seinem Sakko bekleidet zur Rezeption, um dort Bertha Franklin nach dem Verbleib des Mädchens zu

»A change is gonna come«: Sam Cooke wurde zum Wegbereiter des frühen Soul und beeinflusste Legionen von weißen Rocksängern.

fragen. Franklin behauptete, nicht zu wissen, wo die Frau sei, woraufhin Cooke handgreiflich wurde. Franklin griff zur Waffe und schoss, wie sie sagte, in Notwehr auf Cooke. Die Kugel traf ihn in die Brust. Cooke soll gestöhnt haben: »Lady, Sie haben mich angeschossen!« Franklin habe ihm, so berichtet sie, noch einmal mit einem Stock auf den Kopf geschlagen. Dann sei er zusammengebrochen.

In den wesentlichen Punkten stützt sich der Polizeibericht auf die Aussagen von Boyer und Franklin. Die Angaben der Hotelbesitzerin Carr bestätigten Franklins Version des Tathergangs. Beide Frauen, Franklin und Boyer, die wenige Jahre später wegen Prostitution verhaftet und 1979 in einem anderen Fall wegen Totschlags verurteilt wurde, stellten sich während der Untersuchung einem Test mit dem Lügendetektor. Unter Berücksichtigung aller Umstände, nicht zuletzt dem, dass Cooke zur Tatzeit unter erheblichem Alkoholeinfluss stand, erkannten die Behörden auf Notwehr (»justifiable homicide«).

Cookes Familie und Freunde sahen das anders. Vor allem seine Familie argwöhnte von Anfang an, dass die Aussagen der beteiligten Frauen abgesprochen waren, um ein Mordkomplott zu verdecken. Unklar blieb vor allem die Rolle von Boyer. Plausibler erschien vielen die Vermutung, sie habe den Moment, als Cooke im Bad verschwand, genutzt, um mit dem Geld aus seiner Hose das Weite zu suchen. Die R'n'B-Sängerin Etta James hat Cookes Leichnam gesehen. Sie schrieb später in ihrer Autobiographie, dass die Verletzungen des Stars weit schlimmer waren als der offizielle Bericht ahnen ließ, und dass sie ihm keinesfalls nur von Bertha Franklin allein zugefügt worden sein könnten. Manche vermuteten gar, dass Manager Allen Klein hinter Cookes Tod steckte. Klein hatte 1963 Cookes Geschäfte übernommen und wurde später berüchtigt für seine Managementmethoden: Seine Klienten Beatles und Rolling Stones verklagten ihn jeweils auf Millionenbeträge. Trotz aller Zweifel an der offiziellen Version von Cookes Tod aber sind bislang keine Fakten oder gar Beweise aufgetaucht, die das Untersuchungsergebnis widerlegen könnten.

Unabhängig von den nebulösen Begleitumständen dieses Todesfalls aber steht fest: An jenem 11. Dezember 1964 verlor die junge Popmusik eine ihrer ganz großen Stimmen. Samuel Cooke, geboren am 22. Januar 1931 als Sohn eines Baptistenpfarrers in Clarksdale, Mississippi, hatte seine professionelle Karriere 1950 als Leadsänger der Gospelgruppe The Soul Stirrers begonnen. Neben seinem weichen,

Unklare Begleitumstände: der tote Sam Cooke auf dem Fußboden des Portiers-Büros im Hacienda Motel, Los Angeles

auf Anhieb wiedererkennbaren, samtig gequetschten Tenor war es vor allem auch sein gutes Aussehen, das die Soul Stirrers zum wohl erfolgreichsten Act in der Gospelszene machte und der Gruppe eine große weibliche Gefolgschaft einbrachte. Cooke nutzte seine Popularität dazu, 1957 eine Solokarriere als Popsänger zu beginnen, und landete vom Start weg eine beeindruckende Hitserie. Songs wie »You Send Me«, »Twistin' The Night Away« und »Bring It On Home To Me« schrieb er selbst, kümmerte sich außerdem um die Arrangements und gründete ein eigenes Plattenlabel, was ihm eine weitgehend selbstbestimmte Karriere erlaubte – für einen schwarzen Künstler in jener Zeit revolutionär. Überdies war er einer der einflussreichsten Gesangskünstler in der Geschichte der populären Musik. Nicht nur Soulsänger, auch die nachfolgenden Generationen weißer Rocksänger von Rod Stewart bis Paul Young beriefen sich explizit auf ihn. Kenner sahen Cooke auf Augenhöhe mit Ray Charles, James Brown und Stevie Wonder.

Im Privatleben allerdings war er das, was man früher einmal einen Bruder Leichtfuß genannt hat. Die Frauen liebten ihn, er ließ sich das gerne gefallen und nichts anbrennen. Cooke war zweimal verheiratet, drei Kinder gebar ihm seine zweite Ehefrau Barbara, mindestens drei weitere stammten aus außerehelichen Beziehungen. Doch auch schlimme Schicksalsschläge musste er wegstecken: Seine erste Ehefrau Dolores starb 1959, kurz nach der Scheidung, bei einem Autounfall, und sein zweijähriger Sohn Vincent ertrank 1963 im heimischen Swimmingpool.

Zu Sam Cookes Trauerfeier am 18. Dezember 1964 in Chicago erschienen 60 000 Menschen. Sie wussten, dass da viel zu früh einer der ganz Großen gegangen war. Was ihnen und seinem Millionenpublikum blieb, war die Musik. Vier Tage nach der Beisetzung wurde Sam Cookes neue Single veröffentlicht. Mit »A Change Is Gonna Come« enthielt sie eine Ballade, die er unter dem Eindruck der »I have a dream«-Rede von Martin Luther King geschrieben hatte und die nun zu einer der bekanntesten Hymnen der amerikanischen Bürgerrechtsbewegung werden sollte.

18. Mai 1967
Auf Sand gebaut

Um kein Popalbum ranken sich mehr Rätsel, Gerüchte und Legenden als um SMILE, *das unvollendete Meisterwerk der Beach Boys. Die Aufnahmen endeten 1967 in einem Desaster, das* **Brian Wilsons** *ohnehin labile psychische Gesundheit endgültig ruinierte.*

Beim Komponieren am heimischen Klavier mit den Zehen im Sand spielen. Schöne Sache, denkt sich Ober-Beach-Boy Brian Wilson und lässt in seinem Wohnzimmer in Los Angeles einen veritablen Strand aufschütten. Er kann sich solche Spleens leisten. 1966 befindet er sich auf der Höhe seines Schaffens und im Zenit seines Ruhms. Im Mai ist das elfte Studioalbum der Beach Boys in nur fünf (!) Jahren erschienen. PET SOUNDS heißt es, und es ist zum künstlerischen Triumph, zum popkulturellen Quantensprung und nicht zuletzt zur Denkaufgabe für die tausende Meilen entfernt in London hockende Konkurrenz geworden.

Als die Beach Boys ab 1962 erste nationale Hits gelandet hatten, simple Sachen wie »Surfin' U.S.A.« und »Surfer Girl«, war das Rezept noch einfach gewesen: ein paar Chuck-Berry-Riffs, chromblitzende Gesangsharmonien und Texte über Surfbretter, Hotrods und Girls.

Brian Wilson aber wollte mehr. Und er wusste, wie's geht. Er verfeinerte die jazz- und swingbasierten Barbershop-Harmonien der Four Freshmen und kombinierte sie mit Phil Spectors Wall Of Sound, dazu nahm er Marihuana und entdeckte allerlei exotische Instrumente. Heraus kam dabei das großartige 1965er-Album SUMMER DAYS.

Für das nächste Werk tat sich der BB-Songwriter und -Produzent mit Tony Asher zusammen, der, im Unterschied zum bis dahin für die Lyrics verantwortlichen Mike Love, persönlichere, introspektive Texte lieferte. Zudem spürte der Autodidakt Wilson nun den Giganten des Great American Songbook nach, Männern wie Cole Porter, den Gershwins, Richard Rodgers und Oscar Hammerstein III. Sein Ziel: Er wollte der beste Songwriter werden.

Wilsons Mitstreiter allerdings betrachteten den zunehmenden Produktionsaufwand, die anspruchsvollen Kompositionen und komplizierten Arrangements mit wachsender Skepsis. Schon während der Arbeit am SUMMER DAYS-Nachfolger PET SOUNDS maulte

Genie und Wahnsinn: Brian Wilson bei der Arbeit in den Capitol Studios, Los Angeles

Mike Love, man solle bei der bewährten Formel bleiben. Das Selbstverständnis der Beach Boys war noch tief verwurzelt in der Entertainmentkultur des alten US-Showbusiness. Dessen erklärter Zweck bestand in sauberer Familienunterhaltung und größtmöglichem (finanziellem) Erfolg, eine Haltung, die weder an der bluesgefärbten Bilderstürmerei des jungen Rock interessiert noch von dem künstlerischen Ehrgeiz getragen war, mit dem in Londons Abbey Road George Martin und die Beatles die Grenzen des Pop immer wieder aufs Neue einrissen. Ganz zu schweigen vom freigeistigen Genius, den Bob Dylan verkörperte. Die Beach Boys waren altmodisches Showbiz – und damit Brian Wilsons größtes Problem: Seine Visionen hatten die schlichten Vorstellungen der Bandkollegen längst überflügelt.

PET SOUNDS schlägt in Europa zwar wie ein Bombe ein und etabliert die Band als neben Beatles, Stones und Dylan führende Kraft: In den USA aber schneidet es mit Platz zehn in den Billboard-Charts so schlecht ab wie kein Beach-Boys-Album zuvor. Noch einmal aber kann Wilson alle Zweifler zum Schweigen bringen: »Good Vibrations«, ein Track de Force in jeglicher Beziehung und mit vier verschiedenen Aufnahmestudios, mehr als 90 Sessionstunden sowie einem Budget von damals unvorstellbaren 50 000 Dollar ein produktionstechnischer Exzess ohne Beispiel, landet im Herbst 1966 auf beiden Seiten des Atlantiks auf Platz eins und gilt als kaum zu toppendes Wunderwerk der modernen Popkunst.

Prompt wird der 24-jährige Wilson als Genie gefeiert. Derweil sucht sich der so Gelobte mit dem Lyriker Van Dyke Parks einen neuen Partner, spielt mit den Zehen im Wohnzimmersand und komponiert die Lieder für SMILE: Wilson stellt sich eine »Teenage Opera to God« vor – ein alle Regeln und Formen des Pop sprengendes Welttheater soll es werden, eine Reise durch das historische Amerika, getragen vom Spirit des Hippie-Movements, erfüllt von der Botschaft universeller Liebe und inszeniert vom brillantesten aller Szeneköpfe.

Tatsächlich aber hat die nervenaufreibende Produktion von »Good Vibrations« Wilson an den Rand seiner Belastungsfähigkeit geführt, und das ist ›nur‹ eine Single gewesen. Die Arbeit am neuen Album, dessen Veröffentlichung für Januar 1967 geplant ist, überfordert den ohnehin labilen und inzwischen durchgehend von künstlichen Stimulanzien aller Art bedröhnten Wilson dann auch zusehends, zumal er unter deutlich schwierigeren Bedingungen arbeiten muss als die von allen Seiten gehätschelten Beatles. Wo die Fab Four von ihrem väterlichen Mentor George Martin alle künstlerischen Freiheiten und jede Unterstützung der Plattenfirma erhalten, sieht sich Wilson wachsendem Argwohn ausgesetzt. Je schleppender die Dinge im Winter 1967 vorangehen, desto stärker wird das Störfeuer aus den eigenen Reihen. Weder die Band noch die Manager von Capitol Records machen einen Hehl daraus, dass sie den jungen Maestro nur für einen durchgeknallten Spinner halten. Nicht ganz zu Unrecht: So verlangt Brian, dass die Band ihre Gesangsparts rücklings auf dem Boden liegend einsingen soll. Und einmal will er ein leibhaftiges Pferd für Aufnahmen ins Studio holen. Allmählich jedenfalls verliert er die Kontrolle, verzettelt sich mehr und mehr, verwirft im Wochenrhythmus fertige Aufnahmen und hinkt dem Zeitplan bald uneinholbar hinterher.

Es kommt, wie es kommen muss: Im Mai 1967 haben alle Beteiligten die Nase voll. Am 18. Mai zieht Capitol den Stecker und gibt das Projekt offiziell auf. SMILE ist gescheitert und buchstäblich auf Sand gebaut – jenen in Wilsons Wohnzimmer. Im September 1967 veröf-

Späte Rückkehr: Im reifen Alter gelang Brian Wilson ein weltweit erfolgreiches Bühnencomeback.

fentlichen die Beach Boys stattdessen SMILEY'S SMILE, ein Album mit Fragmenten der SMILE Sessions und läppischem Füllmaterial. Die Platte floppt, und die Band braucht Jahre, um sich künstlerisch und kommerziell von diesem Fiasko zu erholen.

Und Wilson? Das vermeintliche Meisterwerk hat ihn so sehr zermürbt, dass er nicht nur entnervt das Handtuch geworfen, sondern das Interesse an den Beach Boys nun endgültig verloren hat. Zumal die Welt längst zu SGT. PEPPER'S LONELY HEARTS CLUB BAND und damit zur transatlantischen Antwort auf PET SOUNDS tanzt. Auf Jahrzehnte hinaus ist der psychisch angeschlagene Wilson zu kontinuierlicher musikalischer Arbeit nicht mehr fähig.

Erst im Laufe der 1990er Jahre konsolidierte sich sein Gesundheitszustand so weit, dass er seine Karriere fortsetzen konnte. SMILE aber wurde zum Mythos, Teile der Sessions zirkulierten auf Bootlegs, ansonsten aber wusste niemand Genaues. 2004 endlich veröffentlichte Wilson mit BRIAN WILSON PRESENTS SMILE eine überarbeitete Version des originalen Albumkonzepts, die er auch live aufführte. 2011 erschien das 5-CD-Boxset THE SMILE SESSIONS. Immerhin.

10. Dezember 1967
Der Soulman, der vom Himmel fiel

Er war der begabteste Soulsänger seiner Generation und auf dem Sprung zum Weltruhm: Am 10. Dezember 1967 starb **Otis Redding** *bei einem Flugzeugabsturz im US-Bundesstaat Wisconsin. Seinen größten Hit hatte er erst wenige Tage zuvor aufgenommen.*

Man kann das körnige Schwarzweißfoto kaum anschauen: Zwei in einem wackeligen Boot stehende Männer ziehen einen dritten aus den Fluten. Sein blutverschmiertes Gesicht ist zu sehen, die Augen sind geschlossen. Er sieht friedlich aus, fast als würde er schlafen. Seine dunkle Kleidung ist vom Wasser durchtränkt. Der leblose Körper hängt an einem Seilzug, der von weiteren Männern in Gummistiefeln betätigt wird. Das Foto ist berühmt. Aufgenommen wurde es am 11. Dezember 1967. Es zeigt den toten Otis Redding, den besten Soulsänger mindestens seiner Zeit.

Geboren am 9. September 1941, absolviert Otis Ray Redding Jr. auf seinem Weg ins Showbiz die für einen Afroamerikaner damals typischen Stationen: Aufgewachsen ist er als ältester Sohn eines Baumwollpflückers und Gelegenheitspredigers, der ihn bereits in jungen Jahren in einen Baptistenchor steckt. Der Kleine hat Spaß am Singen, lernt nebenbei Gitarre, Klavier und Schlagzeug und darf schon als Teenager bei der Radiostation WIBB in Macon, Georgia, Gospelsongs vortragen – für immerhin sechs Dollar pro Auftritt. Als der Vater an Tuberkulose erkrankt, sieht sich der 15-Jährige gezwungen, Geld für die Familie zu verdienen. Er verlässt die Schule, jobbt hier und da und findet in Macon allmählich auch Gehör beziehungsweise erste bezahlte Gigs als Sänger. 1960, mit erst 18 Jahren, wird er selbst Vater. Ein Jahr später heiratet er Zelma, die ihm zwei weitere Kinder schenken wird.

Sein Talent beginnt sich in der schwarzen Szene herumzusprechen, erste professionelle Engagements, etwa bei Johnny Jenkins und Pat T. Cake & The Panthers folgen. Der junge Sänger reiht sich ein in das Heer der schwarzen Musiker, die den berüchtigten Chitlin' Circuit beackern, ein über die Südstaaten bis an die Ostküste und nach Kalifornien reichendes Netz von schwarzen Live-Clubs. Hier lernt Redding seinen Job von der Pike auf.

1962 dann kommt es zur ersten Begegnung mit Estelle Axton und Jim Stewart, den Gründern des Stax/Volt Labels in Memphis, Tennessee. Sie erkennen Otis' Potential und geben ihm einen Vertrag, fortan gehört der 21-Jährige zur Stax-Familie. Bereits sein Einstand mit »These Arms Of Mine« lässt aufhorchen. Beharrlich arbeitet er sich nun hoch, auf weitere Hits allerdings muss er warten. 1965 endlich platzt der Knoten, »Mr. Pitiful«, »I've Been Loving You Too Long« und »Respect« knacken die R 'n' B-Top-Ten. Mit dem Album OTIS BLUE findet er seinen Stil und landet seine erste Nummer eins in den R 'n' B-Albumcharts.

Redding entpuppt sich schnell als weit mehr als ›nur‹ ein neuer Soulsänger. Er ist Herz und Seele von Stax. In ihm bündelt sich alles, wofür der Stax-Soul steht: der bodenständige, an Gospeltraditionen ebenso wie an Little Richard – was ein und dasselbe ist – geschulte Gesangsstil, die raue, heisere Stimme, der bis an die Grenze zur Ekstase intensive Vortrag, die schier überbordende Kraft und das warmherzige Charisma des 1,85-Meter-Mannes: Live ist er unwiderstehlich, umgarnt das Publikum, reißt es mit, beruhigt es wieder, um es nur erneut anzupeitschen – je nachdem, wie er es will.

Musikalisch wird Redding zur besten Visitenkarte des Labels. Er schreibt seine Songs selbst und gelegentlich auch mit Steve Cropper, dem Gitarristen der Stax-Hausband Booker T & The MGs. Sie alle zusammen fabrizieren den Sound, der den Southern Soul definiert: eine kraftvolle Rhythmusgruppe, präzise Gitarrenriffs und machtvolle Bläsersätze. Zwar singt Redding vorerst nur für ein schwarzes Publikum. Dennoch reicht sein Einfluss schon weit über den Tellerrand der R 'n' B-Szene hinaus. So covern die englischen Rolling Stones auf ihren ersten Platten seine Hits »That's How Strong My Love Is« und »Pain In My Heart«. Im Gegenzug nimmt der musikalische Kosmopolit Redding deren »(I Can't Get No) Satisfaction« auf – Rolling Stone Keith Richards zieht Reddings Version der Originalversion seiner eigenen Band bis heute vor. Überhaupt: Reddings Sensibilität für den weißen Pop ist es, die ihn bald vom Gros der schwarzen Soulmen unterscheidet.

Im Frühling 1967 unternimmt er mit der Stax/Volt Revue eine umjubelte Europatournee, dazu beglückt er mit seiner explosiven Bühnenshow als erster afroamerikanischer Soulkünstler ein weißes Hippiepublikum beim Monterey Pop Festival. Redding entdeckt den

Kraft und Charisma: Otis Redding wurde zum ersten Star des Southern Soul, der auch ein weißes Publikum eroberte.

weißen Markt für sich. Er überdenkt nun seine Karrierestrategie und strebt einen musikalischen Kurswechsel an.

Damit allerdings stößt er bei Stax auf pures Unverständnis: Als er im Dezember 1967 seinen neuen Song »(Sittin' On) The Dock Of The Bay«, eine ungewöhnlich entspannte Ballade, aufnehmen will, lehnen Bassist Duck Dunn, Labelchef Jim Stewart und Reddings

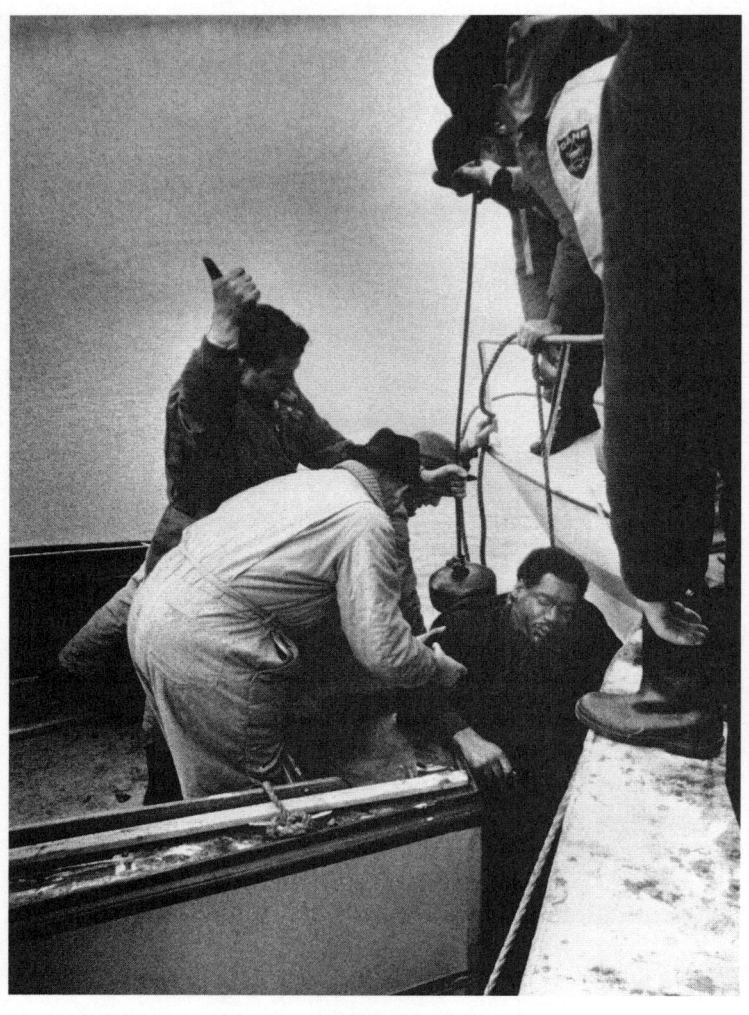

Der Tag danach: Hilfskräfte bergen Otis Reddings Leichnam aus dem Lake Monona, Madison, Wisconsin.

Management die Nummer rundweg ab. Wie Otis' Ehefrau Zelma weiß, beschäftigt sich Redding zu dieser Zeit intensiv mit dem SGT. PEPPER'S-Album der Beatles und sucht bewusst einen Zugang zum weißen Pop-Publikum: »Er erkannte, dass er in eine völlig neue Phase trat. Plötzlich kam er bei den Weißen an, die sich vor 1967 nie für Otis Redding interessiert hatten.«

Gegen alle Widerstände nimmt der 26-jährige Soulstar den Song am 7. Dezember 1967 in den Stax Studios auf. Den Triumph, den das Lied ihm bescheren wird, erlebt er freilich nicht mehr. Im Anschluss an die Session bricht Redding mit seiner Band, den Bar-Kays, auf, um diverse Konzerttermine zu absolvieren. Am 9. Dezember stehen Auftritte in Cleveland, Ohio, auf dem Programm. Am Morgen danach steigen die Musiker in ihre Beechcraft H18, um für eine weitere Show nach Madison, Wisconsin, zu fliegen. Trotz des stürmischen Regenwetters und schlechter Sicht geht zunächst alles gut. Knapp sieben Kilometer vor dem Zielflughafen Truax Field in Madison bittet der Pilot um Landeerlaubnis – es ist das letzte Lebenszeichen der Besatzung. Wenig später findet man die Maschine unweit der Landebahn im Lake Monona. Sämtliche Insassen sind tot, lediglich Trompeter Ben Cauley hat überlebt. Bis kurz vor dem Crash hat er geschlafen, und das Letzte, woran er sich erinnert, ist der Moment, als er seinen Gurt löst. Dass der Nichtschwimmer im eisigen Wasser des Sees nicht ertrinkt, verdankt er einem Sitzpolster, an das er sich verzweifelt klammert.

Das Wrack und die Opfer werden einen Tag später aus dem eisigen Wasser geborgen. Die Umstände des Absturzes sind bis heute ungeklärt. Bei der Trauerfeier am 18. Dezember im City Auditorium in Macon geben Otis Redding 4500 Menschen das letzte Geleit. Den Sarg tragen u. a. Solomon Burke, Arthur Conley, Joe Simon, Johnnie Taylor und Joe Tex. »(Sittin' On) The Dock Of The Bay« erscheint im Januar 1968 als Single und steht am 16. März auf Platz eins der Billboard Popcharts – Otis Redding hatte damit den Schritt zum weißen Publikum endgültig geschafft.

3. Juli 1969
Ein Stein verglüht

*Als **Brian Jones** in der Nacht zum 3. Juli 1969 tot aufgefunden wurde, hatte die Popwelt eine Symbolfigur der Swinging Sixties verloren. Um das Ende des Rolling-Stones-Gründers allerdings ranken sich bis heute wilde Gerüchte – bis hin zum Mordverdacht ...*

Mitternacht auf Cotchford Farm, einem idyllischen Anwesen in der Grafschaft Sussex. Zu hören ist vielleicht das Rauschen des nicht weit entfernten Wäldchens und hier und da eine zirpende Grille. Dazu das Plätschern von Wasser. Und Stimmen. Zwei Männer kühlen sich in dieser lauen Sommernacht im Garten ab, sie ziehen ein paar Bahnen im alten Swimmingpool des Anwesens. Die Freundinnen der beiden, Janet Lawson und Anna Wohlin, halten sich im Haus auf. Später werden sie zu Protokoll geben, dass der Bauunternehmer Frank Thorogood nach einer Weile wieder hereinkam, um Zigaretten zu holen. Erst eine Viertelstunde später fällt Lawson auf, dass etwas nicht stimmen kann, denn draußen ist es plötzlich still. Sie geht hinaus und findet den anderen Mann: Brian Jones, Hausherr und schon damals legendärer Gründer der Rolling Stones, liegt tot auf dem Grund des Pools.

Wer war diese mythische Gestalt, die wie eine Supernova durch die 1960er Jahre irrlichterte und einen in sämtlichen Farben des Regenbogens leuchtenden Schweif hinterließ, der bis in unsere Gegenwart strahlt? Geboren wird Lewis Brian Hopkins am 28. Februar 1942 in Cheltenham, Gloucestershire. Als Kind schon lernt er Klavier, Saxophon und Klarinette. Und er entdeckt den Blues. Mit siebzehn dann die erste Gitarre. Als Brian 1961 den Bluesmann Sonny Boy Williamson auf einer Englandtournee erlebt, steht fest: Er wird Musiker werden.

Da ist er gerade 19 Jahre alt und bereits dreifacher Vater (sein erster Sohn kam 1959 zur Welt, die Mutter war gerade 14). Im Spätsommer 1961 zieht er mit Freundin Pat Andrews nach London. Bald schon hat er Anschluss gefunden, wohnt zeitweise bei Alexis Korner, dem Ziehvater der embryonalen Londoner Bluesszene. Jones entdeckt die Slide-Gitarre und gibt öffentliche Kostproben seines Talents bei Korners Band Blues Incorporated. In Anlehnung an sein Idol Elmore James nennt er sich nun Elmo Lewis.

Auftritt Jagger/Richards: Die beiden 18-Jährigen haben sich ebenfalls dem Blues verschrieben und treffen im Frühling 1962 im Ealing Jazz Club auf den blonden Boheme. Man freundet sich an, und wenige Wochen später sind die Rolling Stones gegründet – unter Führung von Brian Jones, wie er sich nun nennt. Von Anfang an gibt es Spannungen in der Gruppe, jener später dienstältesten Band der Welt, zu der im Winter 1963 auch Bassist Bill Wyman und Drummer Charlie Watts stoßen. Als selbsternannter Manager genehmigt sich Jones heimlich einen fünfprozentigen Zuschlag auf die ansonsten brüderlich geteilten Gagen.

Im Juni 1963 erscheint mit »Come On« die erste Single, das Debütalbum folgt im April 1964. Ein Jahr später schon zählen die Newcomer zur Elite des UK-Pop. Es ist erst der Anfang. Mit »The Last Time« schicken die Stones im Februar 1965 ihre erste selbstgeschriebene Single ins Rennen – Nr. 1! Es folgen »(I Can't Get No) Satisfaction«, »Get Off Of My Cloud« und »19th Nervous Breakdown«.

»Paint It Black«: Brian Jones mit den Rolling Stones am 27. Mai 1966 in der TV-Show *Ready Steady Go!*

Als die Gruppe im September 1965 live in Westdeutschland gastiert, ist sie die neben den Beatles erfolgreichste Band der Welt. Mehr noch: Die Rolling Stones symbolisieren den aufmüpfigen Geist der Sixties, sind die »Bad Boys« der Szene. Das Establishment hasst sie, die Teenager himmeln sie an. Der 23-jährige Brian Jones, inzwischen sechsfacher Vater, wähnt sich am Ziel seiner Träume. Sein üppiger Blondschopf, die vollen Lippen und der verträumte Blick aus blaugrünen Augen machen ihn zum Pin-Up der Pop-Presse, zum Prinzen von Swinging London.

Nach einem Konzert in München trifft er die Frau, die sein Schicksal wird. Die Deutschitalienerin Anita Pallenberg (21), Model und Schauspielerin, ist selbstbewusst, weltgewandt und eine Schönheit, der Jones augenblicklich verfällt. Die Beziehung entwickelt sich stürmisch. Im gemeinsamen Londoner Nest hält das Paar abwechselnd Hof, wirft alle Drogen ein, die zu bekommen sind, küsst sich und prügelt sich. Es ist die Zeit, in der Jones zum genialischen Klangmaler der Rolling Stones wird. Mit exotischen Instrumenten wie Marimba, Dulcimer, Sitar und Mellotron veredelt er Songs wie »Paint It Black«, »Lady Jane« und »Under My Thumb«.

Sein Ende aber ist bereits eingeläutet. Durch seinen übermäßigen Drogenkonsum gerät er ins Visier der Obrigkeit, die nur darauf ge-

Unfall oder Mord? Cotchford Farm, das Anwesen mit dem Pool, in dem Brian Jones am 3. Juli 1969 den Tod fand

wartet hat, endlich einen dieser neureichen Poplümmel an den Pranger zu stellen. Und, wohl das Schlimmste, seine Mitstreiter Mick Jagger und Keith Richards werden von Manager Andrew Oldham protegiert und schreiben die Hits der Stones. Jones hat in seiner eigenen Band kaum noch etwas zu sagen. Ohnmächtig muss er hinnehmen, dass er allmählich an den Rand gedrängt wird. Freilich: Die Entwicklung hat er mitzuverantworten. Die Drogen zerstören die fragile Gesundheit des Asthmatikers vollends, Krankenhausaufenthalte und Gerichtstermine bringen den Terminplan der Band durcheinander, und Jones' Paranoia nervt alle Beteiligten zusehends. Als ihm Keith Richards während einer gemeinsamen Marokko-Reise im Winter 1967 auch noch die Pallenberg ausspannt, zerbricht der sensible Musiker endgültig und verliert das Interesse an den Stones. Am 8. Juni 1969 haben die genug – sie werfen ihn raus.

Zurück nach Cotchford Farm: Dort stellt der Leichenbeschauer am 3. Juli 1969 den Totenschein aus. Offizielle Todesursache: »Tod durch Ertrinken unter Einfluss von Alkohol und Drogen«. Das Ableben des Stars wird als »Unglücksfall« eingestuft. Drei Tage später funktionieren die Stones mit ihrem neuen Gitarristen Mick Taylor ihr lange geplantes Free Concert im Londoner Hyde Park zur Gedenkfeier für Jones um. Jagger zitiert aus einem Gedicht von Percy Bysshe Shelley und lässt Hunderte von Schmetterlingen fliegen.

Der Bandgründer der Rolling Stones aber geht ein zweites Mal in die Popgeschichte ein – als Gründer des berüchtigten »Club 27«. Und zur Ruhe kommt sein Fall nicht: Immer wieder tauchen im Lauf der Jahre Gerüchte auf, dass es bei seinem Tod nicht mit rechten Dingen zuging. Vor allem, als der ehemalige Stones-Chauffeur Tom Keylock verkündet, dass Frank Thorogood ihm 1993 auf seinem Totenbett gestanden habe, Jones in jener Nacht im Streit um ausstehende Zahlungen für Bauarbeiten am Haus getötet zu haben, wird der Fall noch einmal öffentlich aufgerollt. Janet Lawson bestätigt Keylocks Behauptungen, ein Journalist liefert vermeintliches Beweismaterial, und die Polizei öffnet die Akte Jones erneut. Letztlich aber finden sich keine belastbaren Anhaltspunkte, die eine weitere Untersuchung rechtfertigen könnten. Was bleibt, ist der Mythos des einen Rolling Stone, der als erster prominenter Rockstar in der Hitze der Sixties-Poprevolte verglühte.

9. August 1969
Um jemandem beim Sterben zuzusehen

Am 9. August 1969 wurden Roman Polanskis hochschwangere Ehefrau Sharon Tate und mehrere ihrer Freunde bestialisch ermordet. Dahinter steckte ein gewisser **Charles Manson***, Folkmusiker und Anführer einer Hippie-Kommune. Und schuld an dem Gemetzel sollten die Beatles sein ...*

Als Charles Manson im Frühling 1967, rechtzeitig zum Höhepunkt des Summer Of Love, in San Franciscos Hippiedistrikt Haight-Ashbury auftaucht, ist bereits so ziemlich alles in seinem Leben schiefgegangen, was nur schiefgehen konnte: Mehr als die Hälfte seiner 32 Jahre hat der 1,57 Meter kleine Mann mit dem buschigen Bart hinter Gittern und in geschlossenen Anstalten zugebracht. Eine funktionierende Familie hat er nie gekannt. Geboren am 12. November 1934 in Cincinnatti, Ohio, ist er bei verschiedenen Verwandten aufgewachsen und schließlich im Erziehungsheim gelandet. Mit sechzehn folgt die erste Haftstrafe, seine Karriere pendelt fortan zwischen Knast und Besserungsanstalt, unterbrochen nur von kurzen Pausen in Freiheit. 1960 scheint Mansons Schicksal endgültig besiegelt, als er wegen Zuhälterei und diverser weiterer Delikte wie Diebstahl, Betrug und Verstoß gegen die Bewährungsauflagen zu einer zehnjährigen Haftstrafe verdonnert wird.

Am 21. März 1967 entlässt man ihn vorzeitig – es ist der Beginn eines monströsen Horrortrips, der erst knapp zweieinhalb Jahre später am 12. Oktober 1969 mit seiner erneuten Verhaftung enden wird. Im Gefängnis hatte Manson nicht nur sein Talent entdeckt, andere Menschen beliebig zu manipulieren, er hatte auch das Gitarrenspiel erlernt (sein Lehrer soll Alvin Karpis gewesen sein, seines Zeichens Mitglied der berüchtigten Barker/Karpis-Bande; Boney M setzten der Bandenchefin Ma Barker 1977 mit dem Hit »Ma Baker« ein Denkmal). Also versucht sich Manson zunächst als Straßenmusiker in San Francisco – mit mittelprächtigem Erfolg, man lässt ihn hier und da auftreten. Ansonsten aber beginnt er damit, einen Harem von jungen Mädchen, vorzugsweise schlank und rothaarig, um sich zu versammeln. Der US-Autor und Musiker Ed Sanders beschrieb den Manson jener Zeit in seinem Buch *The Family* so: »... er war ein kleiner, rede-

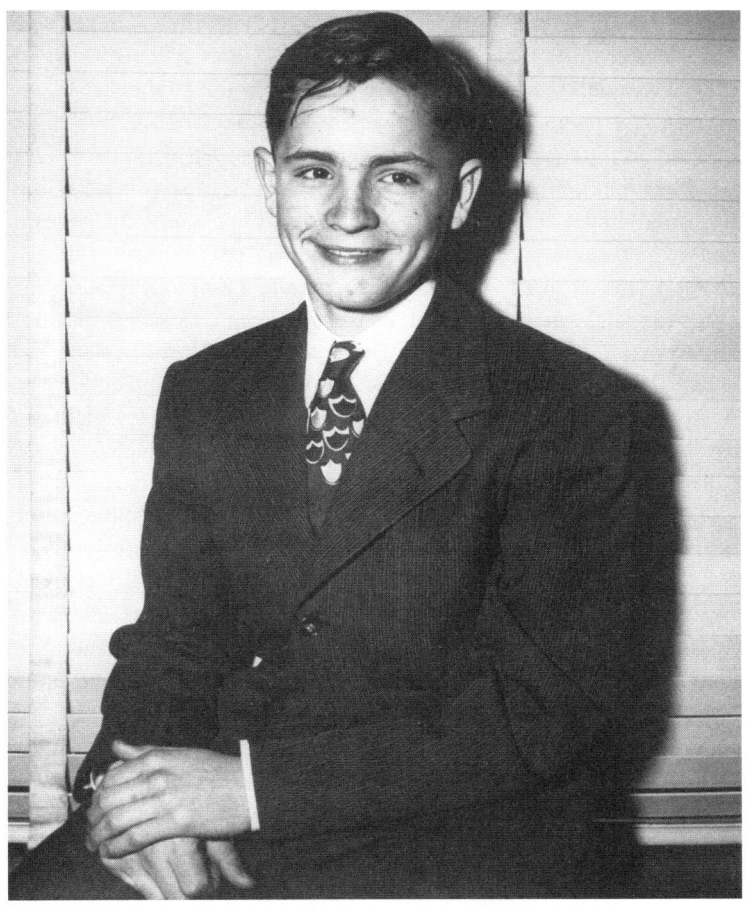

Erziehungsheim und Haftstrafen: Schon in jungen Jahren war Charles Manson ins gesellschaftliche Abseits geraten.

gewandter, schmieriger Kerl, der sich mit seiner Gitarre an junge Mädchen heranmachte, die er mit Gurugeschwätz und Mystizismen zu beeindrucken versuchte – eine Taktik, die damals im Haight-Ashbury mit Erfolg betrieben wurde.« Dort wimmelt es damals schließlich von jugendlichen Ausreißern, die aus ihrem bürgerlichen Vorstadtleben ausbrechen wollen. Manson, der sich mit Sprüchen wie »Ich bin der Gott des Ficks« vorzustellen pflegt, hat bald schon eine

Gruppe ihm ergebener junger Frauen um sich geschart. Und mit denen zieht er nun an der Westküste entlang, bis er schließlich in Los Angeles landet. Dort nehmen die Dinge nun ihren fatalen Lauf.

Zunächst ist die Family, wie Manson seine Gang nennt, im Topanga Canyon untergekommen, im Frühling 1968 aber werden zwei seiner Mädchen beim Trampen von Beach Boy Dennis Wilson mitgenommen. In der Folge macht sich Manson an Wilson heran, gewinnt dessen Vertrauen und nistet sich mitsamt Harem in dessen Villa ein. Wilson jammt mit Manson und finanziert aufwendige Demosessions für seinen neuen Freund. Es werden Kontakte geknüpft, unter anderem zu Byrds-Produzent Terry Melcher: Manson sieht sich schon als kommenden Rockstar. Bis es Wilson, den seine neuen Mitbewohner inzwischen gut 100 000 Dollar gekostet haben, reicht und er alle rauswirft. Melcher hatte das Interesse an Manson zuvor ohnehin schon wieder verloren.

Die Family zieht weiter und reißt sich die nur wenige Meilen nordwestlich von Beverly Hills gelegene Spahn Movie Ranch unter den Nagel. Ab Herbst 1968 fungiert das baufällige Gelände, auf dem früher Westernfilme, unter anderem Folgen für die TV-Serie *Bonanza*, gedreht worden sind, als Hauptquartier der Family. Niemand ahnt, dass in dem vermeintlich friedlichen Hippie-Idyll eine Zeitbombe tickt.

Wenige Monate später geht sie hoch: In der Nacht zum 9. August 1969 dringen die Family-Mitglieder Susan Atkins, Patricia Krenwinkel, Linda Kasabian und Charles »Tex« Watson in Beverly Hills in das Haus am Cielo Drive 10050 ein, wo sie die hochschwangere Sharon Tate, deren Freunde Jay Siebring, Abigail Folger und Wojciech Frykowski sowie den zufällig anwesenden Steven Parent mit Gewehren und Messern auf bestialische Weise umbringen. Anschließend schmieren sie mit Tates Blut das Wort »Pig« an die Hauswand und verschwinden in der Nacht. Am nächsten Tag kommt es zu einem ähnlichen Massaker im Haus des Unternehmers Leno LaBianca, dem er selbst und seine Frau Rosemary zum Opfer fallen. In den folgenden Wochen können die Morde zweifelsfrei nachgewiesen und Charles Manson als Initiator überführt werden, obwohl er zum Tatzeitpunkt jeweils nicht vor Ort gewesen ist.

Bis heute ist nicht wirklich geklärt, welche Motive hinter der mysteriösen Mordserie steckten. So viel jedoch scheint sicher: Der ohne-

Mansons Mordmädchen: Susan Atkins (l.) und Patricia Krenwinkel (2. v. r.) auf dem Weg zum Gericht in Los Angeles

hin zu abstrusen Theorien neigende Manson hatte sich nach und nach in die Vorstellung eines bevorstehenden Rassenkrieges zwischen Schwarz und Weiß hineingesteigert. Ein Endzeitszenario, das begünstigt wurde wohl auch durch die seit 1966 zunehmende Radikalisierung der Bürgerrechtsbewegung, neue politische Gruppierungen wie die Black Panther Party und die zu dieser Zeit in den großen

Satan der Popkultur: Charles Manson, hier 1982, starb am 19. November 2017 im Gefängnis in Bakersfield, Kalifornien.

Städten des Landes aufflammenden gewalttätigen Rassenunruhen. Manson glaubte offenbar, den Ausbruch dieses aus seiner Sicht unvermeidlichen Krieges durch Greueltaten provozieren zu müssen, die er den Schwarzen in die Schuhe schieben konnte. Viele Indizien im Zusammenhang mit den Family-Morden sprechen für diese These. Andererseits ist es denkbar, dass zumindest die Morde am Cielo Drive gar nicht Tate und ihrem zu diesem Zeitpunkt verreisten Ehemann Roman Polanski galten, sondern dem Musikproduzenten Terry Melcher, der dort bis Anfang 1969 gewohnt hatte (in der späteren Gerichtsverhandlung konnte das nicht geklärt werden). Jedenfalls behauptete Manson, die Handlungsanleitung für die Mordserie aus geheimen Textbotschaften des Beatles-Songs »Helter Skelter« herausgelesen zu haben.

Sämtliche Angeklagten wurden 1971 zum Tode verurteilt. Nachdem in Kalifornien 1972 die Todesstrafe abgeschafft worden war, wurden die Urteile in lebenslange Haftstrafen umgewandelt. Seitdem saß Manson ein, zuletzt im California State Prison in Corcoran, wo er am 19. November 2017 im Alter von 83 Jahren an den Folgen einer Darmkrebserkrankung starb.

Die grausige Geschichte des Charles Manson fand Niederschlag auch in der Popkultur, Guns N' Roses vertonten mit »Look At Your Game, Girl« sogar einen seiner Songs. Bands wie Kasabian, Spahn Ranch und Marilyn Manson ließen sich von den Tate/LaBianca-Morden zu ihren Bandnamen inspirieren. Manson war die dunkelste Seite der Popkultur.

18. September 1970
Todesfall in Notting Hill

*Am 18. September 1970 starb **Jimi Hendrix** in einem Londoner Hotel. Die Todesursache war anscheinend schnell geklärt. Doch war es Selbstmord, war es unterlassene Hilfeleistung, womöglich sogar Mord? Bis heute gibt das Ende des Gitarrengenies Rätsel auf.*

Er ist der Voodoo-Meister der jungen Rockkultur, ihr Guitarrero Furioso, musikalischer Botschafter, Paradiesvogel und sanftäugiger Sexgott in Personalunion. Mit Hits wie »Hey Joe« und »Purple Haze« ist er berühmt geworden, und mit Live-Shows, bei denen er die Gitarre mit den Zähnen traktiert, hat er ein Millionenpublikum elektrisiert. Auch hierzulande befindet sich Jimi Hendrix im Sommer 1970 auf dem Höhepunkt seiner Popularität. Der Woodstock-Film ist gerade angelaufen, und kurz darauf gibt der US-Amerikaner zwei Konzerte in der Bundesrepublik, darunter am 6. September jenes beim denkwürdigen Festival-Fiasko auf Fehmarn. Es ist sein letzter öffentlicher Auftritt.

Zwölf Tage später, am 18. September 1970, findet man Hendrix tot in einem Hotelzimmer in London auf. An neuen Songs und Projekten hat er arbeiten wollen, auf dem Plan standen Kollaborationen mit den Artrockern Emerson, Lake & Palmer sowie mit dem Jazzarrangeur Gil Evans. Am 15. September noch hat Hendrix in Ronnie Scott's Jazz Club mit Eric Burdons neuer Band War gejamt. Den 17. September hat er größtenteils mit Monika Dannemann verbracht. Die Blondine aus gutem Haus hatte bei den Deutschen Eiskunstlaufmeisterschaften 1965 Platz 16 belegt, später als Trainerin gearbeitet und Hendrix eher zufällig nach dessen Konzert am 12. Januar 1969 in Düsseldorf kennengelernt. Danach hatte sie ihn gelegentlich getroffen. Nun begleitet ihn die 25-jährige Deutsche während seines London-Aufenthalts und betrachtet sich als seine Freundin, einige meinen sogar: als seine Verlobte. Am Nachmittag hat sie ihn in ihrem Hotel – also nicht in Hendrix' Nobelherberge, sondern abseits von jedem Starrummel in dem Hippie- und Bohème-Viertel Notting Hill – mit seiner Lieblingsgitarre beim Tee fotografiert. Anschließend sind beide zu einer Shoppingtour nach Chelsea aufgebrochen. Es folgt die Nacht, die Jimi Hendrix nicht überleben wird.

Was genau in den Stunden bis zum Morgen geschieht, ist bis heute nicht zweifelsfrei zu rekonstruieren. Festzustehen scheint lediglich, dass Hendrix und Dannemann irgendwann am späten Abend in die kleine Suite in das Samarkand zurückkehren, wo der Gitarrist ein Bad nimmt, bevor ihn Dannemann gegen zwei Uhr in der Nacht zu einer Party fährt. Eine Stunde später ist Hendrix wieder im Hotel. Laut Dannemann, die ihn als Letzte lebend gesehen hat, isst er noch ein Thunfisch-Sandwich, trinkt Rotwein und nimmt am frühen Morgen Schlaftabletten, da er wegen zuvor eingenommener Amphetamine nicht einschlafen kann.

Am nächsten Vormittag geht sie Zigaretten holen und findet Hendrix bei ihrer Rückkehr friedlich schlafend vor. Da, so Dannemann, ist er noch lebendig. Als sie ihn später zu wecken versucht, reagiert er jedoch nicht, woraufhin sie es mit der Angst zu tun bekommt. Statt eine Ambulanz zu alarmieren, ruft sie aber erst einmal Hendrix' Freund Eric Burdon an, um ihn nach einem vertrauenswürdigen Arzt zu fragen, der eine diskrete Behandlung der Sache garantieren könnte. Burdon sagt später aus, dass er zunächst nicht beunruhigt gewesen sei und ihr Instruktionen erteilt habe, wie sie Hendrix wach bekommen könne. Wenig später aber hätten bei ihm »die Alarmglocken geschrillt«. Er fordert Dannemann also dringend auf, einen Krankenwagen zu rufen.

Die offizielle Darstellung der weiteren Geschehnisse liest sich so: Am Freitag, dem 18. September, geht vormittags um 11:18 Uhr ein Notruf beim London Ambulance Service ein. Eine Frau gibt an, dass sich in einem Apartment im Samarkand Hotel, 22 Landsdowne Crescent, Notting Hill, eine leblose männliche Person befinde. Daraufhin wird ein Rettungswagen geschickt, der um 11:27 Uhr am Samarkand eintrifft. Die Sanitäter Reg Jones und John Saua erwarten eine geschlossene Tür und eine auf sie wartende Monika Dannemann. Die Tür aber steht offen, von der Frau keine Spur. Sie finden Jimi Hendrix in dem angegebenen Apartment auf dem Bett liegend vor. Jones und Saua beginnen mit der Untersuchung des Mannes, der jedoch kein Lebenszeichen mehr von sich gibt, und alarmieren die Polizei. Um 11:35 Uhr startet der Rettungswagen mit Hendrix an Bord zum St. Mary Abbot's Hospital, wo er um 11:45 Uhr eintrifft. In der Notaufnahme werden unter Leitung von Dr. Martin Seifert sofort lebensrettende Maßnahmen eingeleitet. Vergeblich. Um 12:45 Uhr erklärt Dr.

John Bannister den Mann für tot. Wörtlich sagt er: »Er war eindeutig schon bei der Ankunft tot. Er hatte keinen Puls, keinen Herzschlag, und der Versuch, ihn zu retten, war eher Formsache.« Als Todesursache wird Ersticken an Erbrochenem infolge einer Schlafmittelvergiftung festgestellt. 1992 wird Dr. Bannister in einem Brief an den Hendrix-Biographen Harry Shapiro schreiben: »Ich kann mich lebhaft daran erinnern, dass sich in Rachen und Kehle, bevor wir das absaugen konnten, eine beträchtliche Menge Alkohol [Rotwein] befand, und es war klar, dass er an seinem Mageninhalt ersoffen war.« Dass es sich bei dem Patienten um Hendrix handelt, war bis zu diesem Zeitpunkt keinem der Offiziellen, weder den Ärzten noch der Polizei, bewusst: Und das Samarkand war eine Absteige in Notting Hill. Also handele es sich, so vermutete man, wohl um einen weiteren bedauerlichen, aber üblichen Todesfall. Die am 21. September durchgeführte Obduktion ergibt keinerlei Hinweise auf Suizid. Der Pathologe Professor Robert Donald Teare stellt dazu fest, dass sich der 27-jährige Hendrix in einem körperlich guten Allgemeinzustand befunden habe (»well nourished and muscular« – gut ernährt und muskulös). Hätte man Hendrix im richtigen Moment in stabile Seitenlage gebracht, wäre alles gut ausgegangen.

Der medizinische Befund also war eindeutig. Wie es jedoch zu diesem tragischen Todesfall gekommen war, ist bis heute umstritten. War es unterlassene Hilfeleistung von Monika Dannemann, die den Ernst der Situation möglicherweise zu spät erkannt hatte? Oder hatte sie selbst Hendrix den Rotwein eingeflößt, um ihm zu helfen – wie sie angeblich in einem Telefonat kurz vor ihrem Tod gestanden haben soll? Als einzige Zeugin behauptete sie später, dass sie Hendrix begleitet und dieser bei der Einlieferung ins Krankenhaus noch gelebt habe. Andere Mitarbeiter der Klinik dagegen sagten aus, dass der Patient im Krankenwagen gestorben sei – und dass eine solche Begleitung durch Nicht-Familienangehörige nicht nur ungewöhnlich, sondern schlicht verboten gewesen sei. Dannemann liefert in der Folgezeit immer wieder neue, sich widersprechende Versionen. Ein ausgefüllter Einlieferungsschein, wie er bei lebendig eingelieferten Patienten obligatorisch ist, fehlte jedenfalls. War es Suizid? Hendrix hatte immerhin die 18-fache Dosis der empfohlenen Menge des Schlafmittels Vesparax eingenommen, und nicht wenige aus seinem Umfeld bestätigten ein Stimmungstief. Seine Zukunftspläne und das Obduktions-

»Im Mau-Mau-Look, mit Ketten behängt«: Jimi Hendrix, ausnahmsweise einmal ohne Gitarre

ergebnis sprechen allerdings gegen diese These. Oder war es sogar Mord, wie 2009 ein gewisser James »Tappy« Wright, ehemaliger Roadie bei den Animals, in seinem Buch »Rock Roadie« behauptete? Demzufolge soll Hendrix' damaliger Manager Mike Jeffery (der 1973 bei einem Flugzeugabsturz umkam) Wright gegenüber zugegeben haben, den Gitarristen vorsätzlich umgebracht zu haben, da dieser ihm die Zusammenarbeit aufkündigen wollte und eine hohe Lebensversicherung für Jeffery nach Hendrix' Tod fällig werden sollte.

Ähnlich abenteuerlich wie Tappy Wrights Geschichte fielen die Stories aus, mit denen die internationale Presse Hendrix' Tod ausschlachtete. Von wilden Drogenorgien war da die Rede, von Gruppensex und haarsträubenden Ausschweifungen – Horrorgeschichten, die wohl weniger mit der Wirklichkeit als mit den seinerzeit noch weit verbreiteten Vorurteilen gegenüber einem afroamerikanischen Rockmusiker zu tun hatten. Selbst der seriöse deutsche *Spiegel* zeigte sich nur unzureichend informiert: Die wenigen Zeilen, die

»Scuse me while I kiss the sky«: Trauerfeier für Jimi Hendrix
am 1. Oktober 1970 in Seattle, Washington

Hendrix am 21. September 1970 als »teuersten Solointerpret der Rockmusik« und als farbigen Gitarristen »im Mau-Mau-Look, mit Ketten behängt« beschrieben, bargen mit »24« eine falsche Altersangabe, vermeldeten eine falsche Gagenhöhe beim Fehmarn-Konzert und gaben als Todesursache eine »Drogen-Injektion« an. Die Wahrheit, trotz aller Ungereimtheiten: Jimi Hendrix' Tod war ein tragischer Unglücksfall. Die Einzelheiten des Streits um die Rechte an Hendrix' Lebenswerk bildeten eines der schmutzigsten Kapitel in der an solchen Kapiteln nicht armen Rockgeschichte.

4. Oktober 1970
Lebendig begraben im Blues

*Nie zuvor hatte eine weiße Frau gesungen wie sie: Nachdem **Janis Joplin** beim Monterey Pop Festival ihren Durchbruch geschafft hatte, schien ihr Aufstieg zum ersten weiblichen Superstar der Rockmusik unaufhaltsam. Bis zum 4. Oktober 1970.*

Paul A. Rothchild hat kein gutes Gefühl an diesem 4. Oktober 1970. Es ist ein Sonntag, und er sitzt mit der Full Tilt Boogie Band in den Sunset Sound Studios in Los Angeles. Rothchild wartet. Janis Joplin hat sich für den späten Nachmittag angesagt, um die Gesangsspur für den letzten Song ihres neuen Albums aufzunehmen. Als sie um 18 Uhr noch immer nicht aufgetaucht ist, ruft der Produzent den Tourmanager der Band, John Cooke, im Landmark Hotel an. Dort wohnt auch Joplin. Cooke soll nach ihr sehen. Auf dem Parkplatz des schmucklosen Apartmentkastens in Hollywood sieht Cooke Joplins in allen psychedelischen Farben lackierten Porsche 356 C stehen. An der Rezeption lässt er sich den Zweitschlüssel von Zimmer 105 aushändigen. Es ist 19:30 Uhr, als er die Tür öffnet. Ihn begleiten die Roadies Vince Mitchell und Phil Badella. Dann sehen sie Janis Joplin neben ihrem Bett liegen. Sie ist tot.

    Wenn sich je über eine Rocksängerin sagen ließ, dass sie wie eine Kerze an beiden Enden zugleich brannte, dann über diese: Janis Lyn Joplin, geboren am 19. Januar 1943 in Port Arthur, Texas, und neben Jimi Hendrix und Jim Morrison die dritte der überlebensgroßen Symbolfiguren der Hippie-Ära. Als Joplin im Sommer 1967 auf dem Monterey Pop Festival mit ihrer Begleitband Big Brother & The Holding Co. zum ersten Mal die ganz große Bühne betritt, fallen den Zuschauern reihenweise die Kinnladen runter. So hat noch niemand je eine weiße Frau singen hören. Sie ist purer Ausdruck. Ohne jede Rücksicht wirft sie ihre Seele ins Rampenlicht, pumpt auch die letzte Unze Emotion aus jeder Note. Joplin ist ein Erdbeben der Stärke zwölf – und dazu auch eine technisch ungemein begabte Sängerin.

    Dass sie berühmt werden würde, war nur eine Frage der Zeit. Aufgewachsen in der biederen texanischen Provinz, hat das Mädchen mit 15 Jahren den Blues und Folk von Größen wie Bessie Smith und Leadbelly entdeckt und sich bald schon autodidaktisch das Rüstzeug zur

Bühnensängerin erarbeitet. Nach ersten Auftritten in Kaffeehäusern zieht sie mit 20 Jahren nach Austin und landet kurz darauf in San Francisco. Erste Amateuraufnahmen entstehen, die junge Frisco-Szene formiert sich, und Joplin ist mittendrin. Als Sängerin aber kommt sie kaum voran. Vor allem das reichhaltige Angebot an Drogen und Alkohol macht ihr zu schaffen. 1965 ist sie auf gut 40 Kilo abgemagert. Ihre Freunde überzeugen sie, zurück zu ihren Eltern nach Texas zu ziehen. Joplin folgt dem Rat, und als sie im Mai 1965 wieder in Port Arthur landet, sieht es so aus, als sei die Karriere als Sängerin bereits gescheitert. Sie legt sich eine biedere Beehive-Frisur zu, schreibt sich an der Lamar University in Beaumont als Anthropologie-Studentin ein, nimmt psychotherapeutische Hilfe in Anspruch und plant sogar die Hochzeit mit einem Computer-Spezialisten namens Peter de Blanc.

1966 dann der überraschende Anruf ihres alten Kumpels Chet Helms. Der ist inzwischen einer der wichtigsten Macher in San Franciscos Haight-Ashbury-Szene, und vor allem ist er Manager von Big Brother & The Holding Co., einer der dort tonangebenden Bands. Sie suchen eine Sängerin. Joplin löst ein Ticket nach San Francisco – und ihr Schicksal ist besiegelt.

Der Rest ist Rockgeschichte: Erster großer Auftritt im August 1967 in Monterey, Plattenvertrag mit CBS, das Erfolgsalbum CHEAP THRILLS, internationaler Durchbruch – und immer mehr Southern Comfort, Kokain, LSD und Heroin. Ende 1968 trennt sie sich von den fröhlichen Amateuren von Big Brother, um eine kompetentere Band zu finden. I GOT DEM OL' KOZMIC BLUES AGAIN MAMA! erscheint 1968, ein Schritt vorwärts, gefolgt von einer Europatournee: Janis auf allen Kanälen. Und längst ist die junge Frau mehr als nur eine Popsängerin. Mit ihrem konsequenten Hedonismus, der sich nimmt, was er will, egal ob Whiskey oder Sex, definiert sie in den 1960er Jahren die Rolle der Frau in der Männerdomäne Pop neu. Ihr Antrieb sind all die Demütigungen, die sie als junges Mädchen wegstecken musste. An der Uni hatte man sie gar zum »hässlichsten Jungen des Campus« gewählt. Nun zeigt sie es allen und tritt den Beweis an, dass auch ein hässliches Entlein zum bewunderten Schwan werden kann. Und doch wird sie zerbrechen.

Dabei ist sie im Winter 1969 anscheinend kurz davor, endlich die Kurve zu kriegen. Zwar sieht man sie noch immer überall und zu je-

Erster weiblicher Superstar der Rockmusik: Janis Joplin, die kurz vor Vollendung ihres Albums PEARL in Los Angeles an einer Überdosis Heroin starb

Schmuckloser Kasten: das Landmark Hotel, Los Angeles, wo Joplins Leben endete

der Zeit mit einer Flasche Southern Comfort, ihre Heroinsucht aber will sie nun endlich besiegen. In der ersten Hälfte des Jahres 1970 scheint es weiter aufwärtszugehen. Ihr Tourmanager John Cooke schrieb über diese Phase: »Ich habe Janis nie glücklicher gesehen als zu der Zeit, als sie ihre Band auf die erste Tournee vorbereitete. Es war Frühling, und ihre Verfassung entsprach der Jahreszeit – Erneuerung, Wachstum und überschäumende Lebensfreude.« Sie hat eine Affäre mit dem noch unbekannten Singer/Songwriter Kris Kristofferson, von ihm lernt sie dessen Song »Me And Bobby McGee«. Und sie stellt eine neue Band zusammen, Full Tilt Boogie wird sich als Glücksgriff erweisen. Nach einer ersten erfolgreichen US-Tournee beginnen im Sommer die Aufnahmen zu ihrem vierten Album, PEARL. Alles läuft wie geschmiert, so scheint es, zumal Janis in dem gerade erst 21-jährigen Studenten und Kokaindealer Seth Morgan die große Liebe gefunden zu haben glaubt.

Anfang Oktober ist PEARL fast fertig. Am 3., einem Samstag, besucht sie noch das Studio, um sich Playbacks anzuhören. Alle Beteiligten berichten übereinstimmend, dass sie bester Laune gewesen sei. Auch wenn Seth Morgan, der während der Plattenaufnahmen auf ihre Wohnung in San Francisco aufpasst, sich mit anderen Mädchen vergnügt und statt an diesem erst am nächsten Tag zu Besuch nach L. A. kommen will. Janis hasst es, die Samstagnacht allein zu verbringen. Zuletzt gesehen wird sie nach Mitternacht, als sie beim Portier des Landmark einen Fünfdollarschein wechselt, um Zigaretten zu ziehen. Danach geht sie zurück in ihr Zimmer.

Der Gerichtsmediziner wird später als Todesursache »eine Überdosis Heroin, möglicherweise in Zusammenwirkung mit Alkohol« angeben. Mehr als zehn Menschen sollen an diesem Wochenende Opfer des in der Stadt zirkulierenden, ungewöhnlich reinen Stoffs geworden sein.

Der letzte Song für ihr neues Album, den sie an jenem Sonntag einsingen wollte, trug den Titel: »Buried Alive In The Blues« – lebendig begraben im Blues. Auf PEARL wird er als Instrumental vertreten sein. Das Album wird ihr erfolgreichstes, ohne Zweifel ein Klassiker. Mit »Me And Bobby McGee« sowie dem unter die Haut gehenden a-capella-Gebet »Mercedes Benz« enthält es ein Vermächtnis, das bis heute nichts von seiner überwältigenden Strahlkraft verloren hat.

3. Juli 1971
Dies ist das Ende

*Erst Jimi, dann Janis, und nun der dritte Superstar der Sixties: Am 3. Juli 1971 wurde **Jim Morrison** in seinem Pariser Apartment tot aufgefunden. Die Umstände seines Sterbens wurden nie geklärt. Die Folge: bis heute anhaltende, mitunter abenteuerliche Spekulationen.*

Mitten in Paris, im Stadtteil Marais, 4. Arrondissement, nur einen Steinwurf entfernt von der Seine und Notre-Dame: Als am Morgen des 3. Juli 1971 Feuerwehr und Krankenwagen vor der noblen Gründerzeitvilla 17 Rue Beautreillis stehen, ahnt keiner der Passanten, dass dort in der vergangenen Nacht einer der größten Rockstars der Welt gestorben ist. Und auch der Polizeibeamte Robert Berry, der den in einem Apartment im dritten Stock Verstorbenen untersucht, hat keine Ahnung von dessen Identität. Er hält den Toten für einen gewöhnlichen Junkie. Darin ist er mit dem herbeigeeilten Arzt Dr. Max Vassille einig, der dann auch auf eine Obduktion verzichtet, die nach französischem Recht in einem solchen Fall nicht zwingend vorgeschrieben ist und wohl doch nur bestätigen würde, dass es sich hier um einen Drogentoten handelt. Pamela Courson, eine junge Frau, die die Wohnung mit dem Verstorbenen teilt, berichtet, dass ihr Gefährte zuletzt über massive Atemprobleme und Schmerzen in der Brust geklagt habe – mögliche Symptome einer Herzkrankheit. Also schreibt Vassille in den offiziellen Bericht: »Tod durch Herzversagen«, ein Umstand, der bis heute zu Spekulationen und wilden Theorien führt.

Tatsächlich sind die Begleitumstände des Todes von Morrison nie zweifelsfrei geklärt worden. Stattdessen gibt es jede Menge widersprüchliche Aussagen. Die einen behaupten, dass der Doors-Sänger beim Eintreffen der Polizei noch in der Badewanne gelegen habe, wo er auch gestorben sei, die anderen glauben zu wissen, dass er da bereits nackt auf den Boden neben sein Bett gelegt worden war. Ein Nachbar will dagegen durch die offene Wohnungstür gesehen haben, dass der Tote einen Hausanzug trug. Auch die Angaben zur Todeszeit variieren. Sie reichen von den frühen Morgenstunden jenes Samstags bis nur wenige Minuten vor Eintreffen der Polizei. Und, entscheidend für die spätere Legendenbildung: Außer Pam Courson hat niemand, der Jim Morrison persönlich kannte, den Leichnam mit eigenen Augen gesehen. Freunde und Bekannte, die vor Ort in Paris waren, bekamen lediglich einen Eichensarg zu Gesicht.

Manche bezweifeln gar, dass Morrison in der Rue Beautreillis gestorben ist, und behaupten, sein Ende habe ihn bereits am Abend zuvor im Club »Rock 'n' Roll Circus« ereilt und er sei nur in seine Wohnung geschafft worden, um einen Skandal zu vermeiden. Auch gibt es Zweifel an der Todesursache selbst. So behaupten einige, dass nicht ein Herzinfarkt, sondern eine Überdosis Heroin, die Courson ihm verabreicht habe, für Morrisons Tod verantwortlich sei. Den Vogel aber schießt die seitdem immer wieder geäußerte und selbst von Doors-Keyboarder Ray Manzarek vertretene Annahme ab, dass der Sänger seinen Tod nur inszeniert habe, um sich von der Bürde seines Rockstardaseins zu befreien und seiner eigentlichen Berufung als Dichter und Autor nachgehen zu können. Eine Idee, die auch auf Morrisons eigene Aussagen zurückgeht. Denn mehrfach ließ er verlauten, dass er den Rockstar-Zirkus unerträglich finde, das Business uninteressant und sich am liebsten von all dem zurückziehen würde, um in Ruhe zu schreiben. Mitverantwortlich für die Verdrossenheit des Doors-Frontmanns: der legendäre »Miami Incident« von 1968. Dort hatte Morrison von der Bühne aus das Publikum provoziert und angeblich sein bestes Stück präsentiert – was allerdings nie bewiesen werden konnte. Wer Doors-Tickets kaufte, wollte seither je-

17 Rue Beautreillis: das Jugendstilhaus des 4. Pariser Arrondissements war Morrisons letzte Adresse.

Superstar mit Selbstzweifeln: Jim Morrison bei einem Konzert mit den Doors am 14. September 1968 in Frankfurt

denfalls neue Sensationen sehen. Die Musik interessierte da kaum noch.

Den ambitionierten Morrison widert das an. Zumal er sich als Künstler nicht nur mit Musik beschäftigt. Der am 8. Februar 1943 in Melbourne, Florida, geborene Sohn eines Marineadmirals ist belesen, er kennt die Beat-Literatur ebenso wie die großen Werke von Friedrich Nietzsche, Arthur Rimbaud und Franz Kafka. Dazu hat er an der University of California bei Josef von Sternberg Film studiert und 1965 dort mit einem Bachelor of Science abgeschlossen. Mit seinen mystischen Lyrics und der düsteren Musik der Doors hat er die dunkle Seite der Hippiekultur erkundet, seine schamanischen Auftritte und Songs wie »Light My Fire«, »The End« und »When The Music's Over« haben den Doors-Frontmann zum Hohepriester der Psychedelic-Ära gemacht. Und zum Sexsymbol mit dunklen Locken, weißem Hemd und schwarzer Lederhose. Dabei ist er alles andere als der souveräne Rockstar. So hat er wegen seiner mangelnden musikalischen Ausbildung Minderwertigkeitskomplexe. Seine Ängste und

Unsicherheit kompensiert er mit gewaltigem Drogenkonsum. Dazu gehören neben Unmengen von Alkohol auch Marihuana, LSD und Kokain. 1969 verdonnert ihn ein Gericht wegen der Vorfälle in Miami zu 60 Tagen Arbeitslager und einer hohen Geldstrafe (das überharte Urteil wird erst 2010 aufgehoben). Kurz: Morrison hat die Nase voll. Im Fadenkreuz bigotter Moralhüter mag er nicht länger stehen – er geht.

Anfang 1971 reist er mit seiner On/Off-Lebensgefährtin Pam Courson nach Paris, die Stadt der Liebe und der Dichter. Er will dort eine Auszeit nehmen und anonym leben. Ob Selbstfindungstrip eines exzentrischen Freaks oder ernst gemeinte Suche nach einer neuen Lebensperspektive – Fakt ist: Morrison hält Kontakt zur Band und zum Management und freut sich über den Erfolg von L. A. WOMAN mitsamt der Singles »Riders On The Storm« und »Love Her Madly«. Mehrfach deutet er an, dass er an Material für ein neues Album arbeite. Zunächst scheint es dann auch, als kämen Courson und Morrison in Paris zur Ruhe. Verstärkt aber leidet der Sänger unter gesundheit-

Sixties-Legende The Doors: Jim Morrison, John Densmore, Ray Manzarek, Robbie Krieger (v. l.)

Rockprophet in Gewahrsam: Morrison-Mugshot der Polizei von Dade County, Florida

lichen Problemen, vor allem die zunehmenden Atemschwierigkeiten machen ihm zu schaffen. Seine Medizin: Alkohol und Drogen. Zwar versucht er zu schreiben, letztlich aber schiebt er eine Schreibblockade vor, um lieber seine Zeit in Cafés und Kneipen zu verbringen. Courson kann nicht helfen, sie ist längst selbst heroin- und tablettenabhängig. Das Verhängnis nimmt seinen Lauf.

Was immer auch in jener Nacht geschah, schon auf dem ersten Doors-Album hatte Morrison das Ende seiner Reise in einem seiner berühmtesten Songs vorweggenommen: »This is the end / beautiful friend / this is the end / my only friend, the end.«.

Letztlich ist es, wie Doors-Drummer John Densmore sagte: »Jim hat 60 Lebensjahre in nur 26 gepresst!« Oder wie Tom DiCillos Filmdokumentation *When You're Strange* in der Schlusssequenz feststellt: »Du kannst nicht ausbrennen, wenn du nicht vorher brennst.« Jim Morrison wurde zum Mythos, der »Lizard King« zur Legende. Und sein Grab auf dem Pariser Friedhof Père Lachaise wurde zur weltweit meistbesuchten Pilgerstätte des Rock.

18. September 1973
Der schwermütige Engel

Er war kein großer Star. Und doch war **Gram Parsons** *einer der einflussreichsten Musiker der Rockgeschichte. Sein tragisches Ende am 18. September 1973 am kalifornischen Joshua Tree wurde zum Mythos – nicht zuletzt wegen des bizarren Nachspiels.*

Warmes Abendlicht fällt durch honigfarbene Vorhänge: Terrakotta-Bodenfliesen, eine rustikale Holzdecke mit goldverziertem Ventilator, ein dunkler Ledersessel und ein Doppelbett, zu dessen Seiten zwei alte Holztischchen wachen. Kein Zweifel, Room No. 8 im Joshua Tree Motel, am Rande des kalifornischen Joshua Tree Nationalparks gelegen und gute zwei Autostunden von Los Angeles entfernt, ist ein wunderbarer Ort zum Entspannen – nicht aber zum Sterben.

17. September 1973. Gerade erst hat Gram Parsons die Aufnahmesessions zu seinem zweiten Soloalbum abgeschlossen und mit seinem Anwalt die Modalitäten der Scheidung von Ehefrau Gretchen besprochen. Es ist ein Montag, als der Sänger nach Joshua Tree aufbricht, um ein paar Tage auszuspannen. Zwei Zimmer sind in dem kleinen Motel am Rande des Parks gebucht, eines für Michael Martin und Dale McElroy, ein befreundetes Paar, das andere für Parsons und Margaret Fisher. Die beiden kennen sich aus der Highschool, inzwischen gilt Fisher als Edelgroupie der kalifornischen Rockszene. Nach der Ankunft vergnügt sich das Quartett in den umliegenden Bars, und schon am nächsten Abend ist ihnen das Gras ausgegangen. Martin macht sich auf nach L. A., um Nachschub zu besorgen. Parsons bleibt allein mit den beiden Frauen zurück. Dies wird sein letzter Tag.

26 Jahre zuvor, am 5. November 1946, hat Cecil Ingram Connor III., wie er mit vollem bürgerlichen Namen heißt, das Licht der Welt in Winter Haven, Florida, erblickt. Geboren wird er in eine der reichsten Familien des Landes, eine unbeschwerte Kindheit jedoch bleibt ihm verwehrt. Der Vater erschießt sich, als Gram zwölf Jahre alt ist. Am Tag seiner Highschool-Abschlussfeier dann ereilt den 18-Jährigen der nächste Schicksalsschlag: Im Krankenhaus erliegt die Mutter ihrer alkoholbedingten Leberzirrhose. Der nun vollends aus dem seelischen Gleichgewicht geratene Parsons tut, was er fortan immer tun

wird, wenn's brenzlig wird: Er macht sich davon. Im Sommer 1965 schreibt er sich an der Harvard University in Cambridge, Massachusetts, für ein Theologie-Studium ein. In den Seminaren wird er kaum je gesehen, dafür umso öfter auf den Kneipenbühnen rund um den Campus. Denn lange schon ist die Musik sein Zufluchtsort: 1956 hat er sich nach einem Elvis-Presley-Konzert ein Autogramm beim »King« geholt. Seitdem lernt er eifrig Klavier und verbringt jede freie Minute am Radio, wo er Hillbilly, R 'n' B und Gospel in sich aufsaugt.

Zur Mitte des Beatles-Jahrzehnts hat er seine eigene Band, und mit der schlägt er einen fundamental anderen Weg ein als all die anderen Nachwuchsrocker. Die International Submarine Band kreuzt ihren Beat mit der Musik von Countrystars wie Hank Williams, George Jones, Buck Owens und Merle Haggard. In New York entsteht 1966 eine erste, unbeachtete Single. Wenig später zieht die Gruppe nach Los Angeles, und 1968 erscheint SAFE AT HOME. Im Unterschied zu anderen Bands jedoch, die traditionelle Instrumente wie Fiddle und Pedal Steel nur gelegentlich einsetzen, geht die ISB einen entscheidenden Schritt weiter: Sie schreibt und spielt reinrassige Countrysongs, die sie jedoch mit der Intensität einer Rockband interpretiert. Für das Hippiepublikum der SGT.-PEPPER-Ära ist das zu starker Tobak – das Album floppt. Kurz darauf bricht die ISB auseinander.

Parsons nächste Station sind die Byrds, er bringt die »Mr. Tambourine Man«-Truppe auf Countrykurs. 1968 erscheint SWEETHEART OF THE RODEO – der nächste Flop, auch wenn das Album heute als Meilenstein gilt. Parsons verlässt die Byrds und gründet die Flying Burrito Brothers. Zwei Alben macht er mit ihnen, bevor sie ihn wegen seiner andauernden Alkohol- und Drogenexzesse 1970 feuern. Wieder steht er mit leeren Händen da. Auch privat: Freundin Nancy verlässt ihn mit der gerade erst geborenen Tochter Polly.

1971 trifft er das Model Gretchen Burrell, mit dem er im Sommer mit den Rolling Stones in Südfrankreich abhängt. Ende 1971 wird geheiratet. Längst aber ist sein Leben in den unaufhaltsamen Sog des Heroins geraten. Im Herbst 1972 rafft sich Parsons zur Arbeit an seinem Solodebüt GP auf, das, als es im Januar 1973 erscheint, von der Kritik zwar gelobt wird, aber dennoch wie Blei in den Regalen liegt. Für die folgende Tournee mit seiner Band The Fallen Angels verpflichtet er Emmylou Harris. Immer mehr wird die junge Sängerin, die bereits bei GP einige Background-Parts beisteuerte, zur kon-

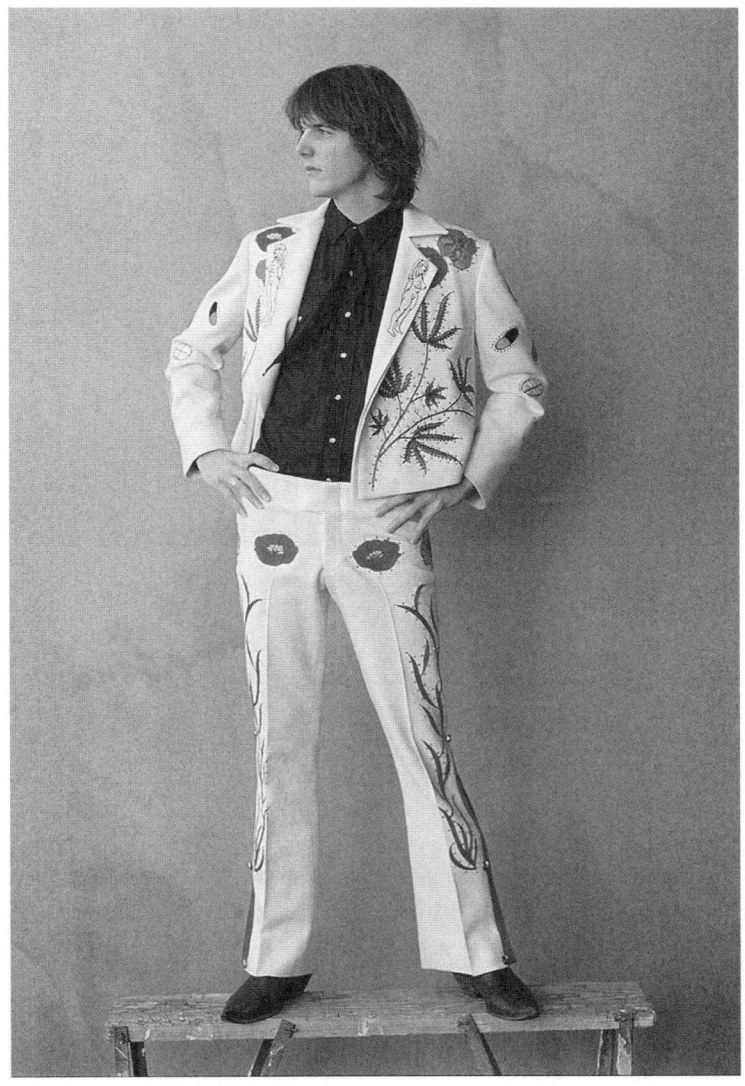

Rhinestone Cowboy: Gram Parsons, Gründer der Flyin' Burrito Brothers und Spiritus Rector des Countryrock, in seinem legendären »Nudie Suit«

Parsons' Endstation: Room 8 des Joshua Tree Motels nahe Los Angeles

genialen Gesangspartnerin. Zu hören ist das im Sommer 1973 bei den Aufnahmen zu GRIEVOUS ANGEL, wo die beiden Sternstunden wie »Love Hurts« zelebrieren. Anfang September sind alle Songs im Kasten. Am 17. September dann startet der sensible Sänger, der sich bei den Aufnahmesessions zusammengerissen und auf Drogen verzichtet hat, in besagten Kurzurlaub am Joshua Tree. Was genau dort geschieht, ist bis heute nicht zweifelsfrei geklärt. Fest steht, dass Margaret Fisher Parsons im Laufe des folgenden Abends leblos in Zimmer 8 vorfindet und der Musiker nach vergeblichen Wiederbelebungsversuchen gegen Mitternacht zum nahegelegenen Yucca Valley Hospital verfrachtet wird. Zu spät, um 0:15 Uhr wird dort sein Tod festgestellt. Der durch jahrelangen Drogenmissbrauch geschundene Körper hat vor einer tödlichen Mischung aus Tequila und Morphium kapituliert.

So traurig Gram Parsons' Leben endet, so bizarr ist das Nachspiel: Sein Stiefvater veranlasst die Überführung des Leichnams nach Florida, Parsons enger Freund Phil Kaufman aber verhindert das. Denn Gram und er haben sich wenige Wochen zuvor bei der Beerdigung des Byrds-Gitarristen Clarence White versprochen, dass derjenige, der den anderen überlebt, dessen Leiche am Joshua Tree verbrennen soll. Kaufman hält Wort und stiehlt gemeinsam mit einem Kumpel den Sarg am Los Angeles Airport. Mit genügend Kerosin als Brandbeschleuniger und Alkoholvorräten an Bord fahren sie dann zum Joshua Tree, wo sie den Holzsarg verbrennen. Später dann werden die Überreste der Verbrennung schließlich doch noch in Florida beigesetzt.

Erst postum sollte Gram Parsons – nicht zuletzt durch das Denkmal, das ihm Emmylou Harris mit ihrer Musik später gesetzt hat – die Anerkennung zuteilwerden, die ihm zeitlebens versagt blieb. Der Mann, den sie »God's own Singer« nannten, gilt heute als Gründervater des Americana-Genres, und sein Vermächtnis inspirierte Generationen von nachfolgenden Musikern. In »In My Hour Of Darkness«, einem seiner schönsten Songs, heißt es: »He was just a country boy, / his simple songs confess / and the music he had in him / so very few possess.«

25. November 1974
Der zerbrechliche Troubadour

Nur drei Alben hat er aufgenommen, und die floppten allesamt – dennoch gehört **Nick Drake** *zu den verehrtesten Kultstars der populären Musik. Seine Geschichte endete tragisch am 25. November 1974 – und ist eine der traurigsten.*

Seit Jahren schon leidet der 1,90-Meter-Schlaks unter schweren Depressionen. Zuletzt aber schien sich seine Stimmung wieder aufgehellt zu haben, das jedenfalls berichten Eltern und Freunde. Er spielt wieder Gitarre und schmiedet Pläne. Anfang Oktober noch hat er Freunde in Paris besucht, er spricht sogar davon, dort hinzuziehen. Nach seiner Rückkehr hat er sich bei seiner Mutter einen Sprachkurs auf Schallplatte geborgt, um sein Französisch aufzupolieren. Er will wieder Songs schreiben, aber diesmal nicht für sich, sondern für andere. Zum Beispiel für Francoise Hardy, die er bewundert und die sich Material von ihm wünscht. Nur wenige Wochen nach dem Besuch an der Seine aber, es ist der 25. November 1974, findet man den wohl traurigsten Sänger seiner Generation tot auf. Er wurde nur 26 Jahre alt.

Das kurze Leben des Nicholas Rodney Drake beginnt in Rangoon, Burma (heute Myanmar). Vater Rodney arbeitet dort als Ingenieur für eine britische Firma, Mutter Molly ist die Tochter eines Würdenträgers der Kolonialverwaltung. 1937 heiraten die beiden, und am 19. Juni 1948 kommt Nick zur Welt. 1952 kehrt die Familie nach England zurück, wo sie das Efeu-umrankte Herrenhaus Far-Leys in der Gemeinde Tanworth-in-Arden, Staffordshire, bezieht.

Sensibler Poet: Nick Drake als Teenager

Molly, die selbst Gedichte und auch Songs schreibt, vererbt Nick ihr musisches Talent. Der Junge durchläuft die in England für ein Kind der gehobenen Mittelklasse typischen Eliteschulen. Er bleibt ein unauffälliger Schüler, nur als Sprinter tut er sich hervor, stellt gar Rekorde auf. Ansonsten aber ist er still und kapselt sich ab. Ein Lehrer sagte später von ihm: »Niemand kannte ihn wirklich.«

Doch längst hat er die Musik für sich entdeckt, Klavier gelernt und spielt 1964 in einer Schülerband des Marlborough College in Wiltshire. Auf Schulfesten gibt man das gängige Hitrepertoire, mit 17 dann kauft Nick seine erste Gitarre. Ein Jahr später geht er nach Cambridge, um englische Literatur zu studieren. Inzwischen schreibt er erste Songs und hört mit Freunden Van Morrison, Phil Ochs und Bob Dylan. Es ist die Flowerpower-Zeit, Nick kifft, nimmt hin und wieder LSD und entwickelt sich zum weltmüden Werther mit seinen Leiden. Er trägt anders als Goethes Held Schwarz, sondert sich aber genau wie dieser ab und schreibt romantische Verse. Zaghaft versucht er sich auf kleinen Bühnen. Ashley Hutchings von Fairport Convention sieht ihn und empfiehlt den singenden Sonderling bei Joe Boyd, Gründer und Chef des jungen Hip-Labels Witchseason Productions. Der ist begeistert, bietet dem 20-Jährigen einen Vertrag und nimmt bald schon mit ihm das erste Album FIVE LEAVES LEFT in Angriff.

Boyd ist Überzeugungstäter und Musik-Connaisseur. Er erkennt Drakes einzigartiges Talent, und er spürt, dass dieser Junge seinen Schutz braucht. In seiner Autobiographie »White Bicycles« schreibt er über seine erste Begegnung mit Drake: »Er nickte und stammelte gelegentlich ein Wort, blickte auf seine Hände und fragte dann, ob ich etwas dagegen hätte, wenn er rauche. Ich musste immer seine Hände anschauen: Sie waren riesig und nikotinfleckig, mit kräftigen, feingliedrigen Fingern, deren lange, gleichmäßig geschnittene Fingernägel vor Dreck starrten.« Drake kommt mit der Welt und ihren Regeln offensichtlich nicht zurecht, Boyd nimmt ihn unter seine Fittiche. FIVE LEAVES LEFT wird sensationell: zart besaitete Songs voller sprachlicher Finesse, sensibel, scharfsinnig, melancholisch, getragen von Drakes meisterhaftem Gitarrenspiel und gebettet in dezente Streicherarrangements. Nicht einen Moment lang aber kippt das Ganze ins Kitschige.

Boyd schickt Drake auf Tour. Der schüchterne Junge ist jedoch un-

Tanworth-in-Arden, Staffordshire: Far-Leys, das Elternhaus von Nick Drake

fähig, das Publikum anzusehen, schon gar nicht kann er die lauthals an der Theke krakeelenden Leute zur Ruhe bringen. Hinzu kommt, dass er nur eine Gitarre dabei hat, die er aber nach jedem Song in ein anderes Tuning umstimmen muss. Ergebnis: Keiner hört zu. Nach drei Konzerten gibt Drake auf.

1971 erscheint BRYTER LAYTER. Der US-Journalist Arthur Lubow wird später einmal über Drakes Musik schreiben: »Sie ist so schön, dass man sich unwillkürlich für die Hässlichkeit der Welt schämt.« Hören will es indes niemand. Drake ist am Boden zerstört, seine Depressionen werden tiefer und tiefer. Ab 1971 verliert er den Kontakt zur Welt fast völlig, meidet die Menschen, wo er kann. Nach zwei Jahren in London zieht er gar wieder zu seinen Eltern, denen er sagt: »Ich mag es nicht besonders zu Hause, aber woanders halte ich es nicht aus.«

Einmal noch rafft er sich auf und nimmt in zwei Nachtsessions das grandiose dritte Album PINK MOON (1972) auf, nur er und seine Gitarre mit ein paar Pianotupfern. Eine knappe halbe Stunde Drake pur, die jedem, der Ohren hat, zutiefst unter die Haut fährt. Aber auch PINK MOON verhallt ungehört. Als Drake den inzwischen wieder in seiner US-Heimat lebenden Joe Boyd Anfang 1974 noch einmal in London trifft, blafft er ihn an: »Du hast immer gesagt, ich bin ein Genie, alle anderen auch. Warum zum Teufel bin ich dann nicht reich und berühmt?« Boyd, der am wenigsten dafür kann, ist getroffen von der Bitterkeit seines Schützlings. Inzwischen ist Drake in einer psychiatrischen Klinik behandelt und auf einen Medikamentencocktail mit Antidepressiva eingestellt worden. Die Nebenwirkungen, zumal in Kombination mit Cannabis und anderen Drogen – man vermutet, dass Drake zuletzt auch Heroin nahm –, sind jedoch nicht kalkulierbar.

Es ist etwa zwölf Uhr mittags an jenem düsteren, feuchtkalten 25. November 1974 in Far-Leys, als Molly Drake ihren Sohn wecken will. Sie öffnet die Tür zu seinem Zimmer. Zuerst fällt ihr Blick auf seine unendlich langen Beine. Dann sieht sie neben dem Plattenspieler die Schallplatten mit den Französisch-Lektionen und auf dem Plattenteller Bachs Brandenburgische Konzerte. Nick liegt quer über sein Bett gestreckt. Er ist tot. Lange schon hat Molly diesen Moment gefürchtet.

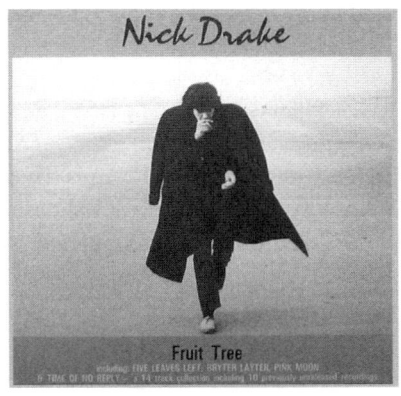

Späte Würdigung: Inzwischen wurde Drakes Werk wiederentdeckt und -veröffentlicht.

Der Gerichtsmediziner erkennt auf Suizid infolge einer Überdosierung des Antidepressivums Amitriptylin. Familie und Freunde zweifeln an dieser Diagnose, räumen aber ein, dass der sensible Songwriter mit dem Leben wohl abgeschlossen hatte. Gerade 50 Menschen erscheinen zu Drakes Beisetzung.

Seine Schwester Gabrielle erzählt in der Filmdokumentation *A Skin too few*, wie sehr sich ihr Bruder wünschte, gehört zu werden: »Er sagte mir einmal: Wenn meine Musik auch nur einem einzigen Menschen helfen könnte, dann wäre es all das wert gewesen.« Immerhin dürfte dies inzwischen nachgeholt worden sein.

24. April 1975
Rock 'n' Roll Suicide

Paul McCartney war ihr Fan, die Presse sah in ihnen die neuen Beatles, und der Welt hinterließen sie Hits wie »Without You« und »Day After Day«. Trotzdem wurde die Geschichte von **Badfinger** *zur Tragödie von Shakespearschen Ausmaßen ...*

Das Ende war trostlos. In den Morgenstunden des 24. April 1975 hatte sich Pete Ham, Sänger, Gitarrist und Songwriter der Rockband Badfinger, in der Garage seines Hauses in Weybridge, Surrey, erhängt. Man fand ein Stück Papier, auf das er ein paar Worte an seine hochschwangere Freundin und ihren Sohn gekritzelt hatte: »Anne, I love you, Blair, I love you. I will not be allowed to love & trust everybody. This is better. Pete. PS: Stan Polley is a soulless bastard. I will take him with me.« Was war geschehen? Und wer war Stan Polley?

Rückblende. 1966: The Iveys, eine Nachwuchsband aus dem walisischen Swansea, ziehen im Dezember nach London. Im Laufe des folgenden Flowerpower-Jahres macht sich die Gruppe einen Namen. Kinks-Boss Ray Davies produziert ihre Demo-Aufnahmen, dazu begleiten die Iveys den erfolgreichen Sänger David Garrick (»Dear Mrs. Applebee«). 1968 dann der große Coup: Manager Collins schafft es, Beatles-Faktotum Mal Evans zu einem Gig in den Marquee Club zu lotsen. Und der ist begeistert. Kurz darauf ist es amtlich: Paul McCartney persönlich sorgt dafür, dass die Band einen Vertrag beim Beatles-eigenen Label Apple erhält. Pete Ham fühlt sich wie im Märchen.

Die Debütsingle »Maybe Tomorrow« floppt zwar, dann aber geht es aufwärts. Zunächst wird die Band umgetauft. Sie heißt nun Badfinger, inspiriert durch den »Bad Finger Boogie«, einen frühen Arbeitstitel des Beatles-Songs »With A Little Help From My Friends«. Am 2. August nimmt die Band den von McCartney für den Film *The Magic Christian* geschriebenen Song »Come And Get It« auf. Ein Hit – mehr als eine Million Exemplare werden verkauft, die Single macht Badfinger praktisch über Nacht zu Stars.

Während die Musiker im April 1970 mit den Aufnahmen zum zweiten Album, NO DICE, beginnen, sondiert Manager Collins das Feld für eine US-Tour seiner Schützlinge. Dabei trifft er in New York

Trostloses Ende: Pete Ham, Co-Komponist des Welthits »Without You«

einen Mann, der den Engländern zur Weltkarriere verhelfen soll. Stan Polley ist Businessmanager, zu seinen Klienten gehören Al Kooper und Blood, Sweat & Tears. Polley verspricht, sie alle reich zu machen. Schnell wird ein neuer Managementvertrag unterzeichnet. Und anscheinend stehen alle Zeichen auch weiterhin auf Erfolg. Das zweite Album wirft mit »No Matter What« den zweiten Top-Ten-Hit ab, und die Musikpresse schwärmt einhellig von den »neuen Beatles«. Badfinger gehören nun zur Hautevolee, George Harrison arbeitet mit ihnen und holt die Gruppe im August 1971 auf die Bühne des legendären Concert for Bangladesh. Auch bei John Lennons IMAGINE-Sessions sind Badfinger mit von der Partie.

Auf ihrem eigenen Album NO DICE indes verbirgt sich eine Ballade, die für ihre Schöpfer Pete Ham und Tom Evans zum Schicksalssong werden soll. Im Frühling 1971 werden die beiden in ein Lon-

Tragödie von Shakespearschem Ausmaß: Badfinger mit Pete Ham (l.) und Tom Evans (r., beide mit Gitarre) im Plattenstudio

doner Studio gerufen, um sich dort eine Coverversion ihres Songs »Without You« anzuhören, die der US-Sänger Harry Nilsson aufgenommen hat. Jahrzehnte später wird sich Klaus Voormann, der bei den Sessions den Bass zupfte, erinnern: »Die Jungs tanzten im Trident Studio an, saßen ganz schüchtern auf dem Sofa und hatten beim Hören des Songs Tränen in den Augen.« Nilsson und Produzent Richard Perry haben das Original-Tempo gedrosselt, ein üppiges Streicherarrangement und reichlich Drama hinzugefügt. »Without You« wird zum Monsterhit und bringt Nilsson einen Grammy ein.

Ende 1972 können Badfinger drei Studioalben, drei Top-Ten-Hits – inzwischen ist »Day After Day« hinzugekommen – und als Komponisten einen der großen Seventies-Klassiker verbuchen. Sie müssten also reich sein. Doch das Gegenteil ist der Fall. Manager Polley hat ein Firmengeflecht um die Band errichtet, in dem sämtliche Einnahmen aus Platten, Konzerten und sogar Komponistentantiemen versickern. Die Bandmitglieder werden mit leeren Versprechungen und einem mageren Monatsscheck abgespeist. Pete Ham kann nicht mal seine zerschlissenen Bühnenstiefel ersetzen, und Kathie, Ehefrau von Drummer Joey Molland, beschwert sich, dass sie sich weder einen Kühlschrank noch einen Fernseher leisten können.

Und dann geht Apple Records pleite. Polley schließt daraufhin 1973 einen neuen Deal mit Warner Brothers über drei Millionen US-Dollar für sechs Alben in drei Jahren ab. Die Band macht sich umgehend an die Arbeit. Der Manager lässt sich derweil die Warner-Vorschüsse überweisen und parkt sie auf einem Treuhandkonto, auf das – entgegen der vertraglichen Abmachung – nur er selbst Zugriff hat. Ende 1974 hat die Band von ihrem Geld noch immer nichts gesehen, und Warner sorgt sich inzwischen um sein Investment. Die Firma verklagt Band und Management auf die Rückzahlung von 250 000 US-Dollar und nimmt das gerade veröffentlichte Album WISH YOU WERE HERE vom Markt. Mit fatalen Folgen: Badfinger können nun nicht mehr arbeiten. Ihr Management ist abgetaucht, alles Geld verschwunden. Verzweifelt versuchen die Musiker, sich selbst zu managen, angesichts der laufenden Verfahren aber will sich niemand geschäftlich mit ihnen einlassen. Kurz zuvor hatte Pete Ham einen Kredit über 30 000 Pfund für ein Haus aufgenommen. Es ist der 23. April 1975, als er per Telefon aus den USA erfährt, dass er nun wirklich buchstäblich keinen Cent mehr besitzt. Am Ende seines kurzen

Lebens ist Ham restlos pleite – obwohl er mit Badfinger zu den erfolgreichsten UK-Bands der frühen 1970er Jahre gehört. Am Abend trifft er sich mit seinem Bandkollegen und Songwriting-Partner Tom Evans, der ihn nach dem gemeinsamen Pub-Besuch noch nach Hause bringt. Drei Tage später wäre Pete Ham 28 Jahre alt geworden.

Die Tragödie bleibt nicht ohne Folgen. Bassist Tom Evans, den Hams hochschwangere Freundin Anne am Morgen nach der fatalen Nacht gerufen hat und der den Toten in der Garage seines Hauses hat hängen sehen, kommt über den Verlust seines besten Freundes nie hinweg. Am Morgen des 19. November 1983, nach einem Streit mit seinem Ex-Bandkollegen Joey Molland um Tantiemenzahlungen, findet man den 36-jährigen Tom Evans tot auf – erhängt an einem Baum im Garten seines Hauses. Oft, so erzählt seine Ehefrau Marianne Jahre später der BBC, habe er gesagt, dass er gerne dort wäre »wo auch Pete ist. Es ist ein besserer Platz als hier unten.«

Am 27. April 2013, seinem 66. Geburtstag, wurde Ham in seiner Heimatstadt Swansea mit einer blauen Gedenkplakette geehrt. Angebracht wurde sie an der Front der High Street Station, in direkter Nachbarschaft zum Ivey Place, wo die nach diesem Platz benannten Iveys einst ihren Probenraum hatten. Im selben Jahr wurde der Badfinger-Song »Baby Blue« in der TV-Serie *Breaking Bad* verwendet und prompt auf Platz 14 der US-Billboard-Charts »Hot Rock Songs« notiert.

5. Juni 1976
Geisterstunde in Abbey Road

Während Pink Floyd 1975 in London letzte Hand an WISH YOU WERE HERE *legen, steht im Studio plötzlich der Mann, ohne den es die Band nicht gegeben hätte:* **Syd Barrett**. *Zunächst erkennen ihn die Musiker nicht – später dann kämpfen sie mit den Tränen.*

Es ist der 5. Juni 1975. Seit fast einem halben Jahr arbeiten Pink Floyd nun am Nachfolger ihres Erfolgsalbums THE DARK SIDE OF THE MOON. Zuvor hatte die Band eine Achterbahnfahrt der Gefühle mitgemacht. Quasi über Nacht waren Roger Waters, David Gilmour, Rick Wright und Nick Mason zu internationalen Superstars aufgestiegen. Der Euphorie aber war der Kater gefolgt. Vom nun erreichten Gipfel konnte es, so jedenfalls schien es, nur abwärtsgehen. Alle Träume waren wahr geworden, alle Ziele erreicht, neue nicht in Sicht, und an tragfähigen Ideen für ein neues Album mangelte es obendrein. Während einer Europatournee 1974 waren immerhin drei neue Songs entstanden, von denen jedoch niemand so recht wusste, was damit anzufangen war.

Als die Band dann im Januar 1975 ins Studio ging, kristallisierte sich bald schon ein Konzept für das neue Album heraus, das an »Shine On You Crazy Diamond«, einen der drei neuen Songs, anknüpfte. Inspiriert war der Text vom ebenso unvermeidlichen wie tragischen Ausscheiden des Bandgründers Syd Barrett sieben Jahre zuvor. In erster Linie war er es gewesen, der Pink Floyds Durchbruch mit den Einstandshits »Arnold Layne« und »See Emily Play« sowie dem Debütalbum THE PIPER AT THE GATES OF DAWN möglich gemacht hatte. Beide Singles hatte er geschrieben, desgleichen acht der elf Songs des Albums, bei zweien hatte er als Koautor fungiert. Auf Anhieb waren Pink Floyd daraufhin zu einer der erfolgreichsten und originellsten Stimmen im an Originalen überreichen psychedelischen Summer Of Love des Jahres 1967

Abbey Road Studio, London: das einzige Foto von Barretts Stippvisite bei seinen ehemaligen Bandkollegen am 5. Juni 1975

geworden. Einhellig hatten Kritik und Publikum die atemberaubende Mischung aus Folk, Avantgarde, Märchenfabeln, Metaphern und Mystizismus bejubelt.

Dann aber war Barrett abgedreht. Der damals erst 21-jährige Sohn eines angesehenen Pathologen und Universitätsprofessors aus Cambridge nahm, wie alle anderen auch, die Modedroge LSD. Allerdings überstieg Barretts Konsum jedes Maß, so dass das synthetische Halluzinogen innerhalb weniger Monate vollständigen Besitz von seinem Hirn ergriffen hatte. Der psychisch nicht eben robuste Musiker hatte Drogen aller Art von vornherein als Turbo für seine kreative Phantasie genutzt, unter den Belastungen seines Jobs als Profimusiker aber blieben die Folgen nicht aus. Barrett verlor zusehends den Kontakt zur Realität, erschien unpünktlich oder gar nicht zu Konzerten, und wenn, dann war sein einst großartiges Gitarrenspiel nur noch ein Schatten. Kurzum: Hirn, Herz und Stimme von Pink Floyd waren unzuverlässig, unberechenbar und schließlich für die ehrgeizige Band zum untragbaren Totalausfall geworden. Im März 1968 hatten Waters & Co. Barrett ausgemustert und David Gilmour als Ersatz verpflichtet. Mit Erfolg, wie sich zeigte. Den Verlust der überbordenden Kreativität ihres Masterminds kompensierte die Band durch eine fortschreitende Technologisierung ihrer Musik und eine strenge kompositorische Kühle. Alben wie UMMAGUMMA, ATOM HEART MOTHER und MEDDLE hatten sie bald als führende Kraft des Progressive Rock etabliert, und 1973 dann erbrachten die Aufbaujahre mit THE DARK SIDE OF THE MOON eine millionenschwere Rendite.

Barrett indes ist vergessen – bis zu jenem denkwürdigen Tag, als die Band im Regieraum des Studios 3 in Abbey Road sitzt. Pink Floyd-Drummer Nick Mason schrieb dazu später in seiner Autobiographie *Inside Out*: »Als ich in den Regieraum schlenderte, bemerkte ich dort einen großen, fetten Kerl mit kahl rasiertem Kopf, der einen alten, abgerissenen Regenmantel trug, eine Plastiktüte in der Hand hielt und mich mit einem im Grunde freundlichen, aber geistesabwesenden Gesichtsausdruck ansah.« Zunächst erkennt Mason seinen ehemaligen Bandkollegen nicht. Auch Waters und Wright, die gerade Gesangsspuren mischen, müssen zweimal hinsehen. Rick Wright wird sich später in einem Interview erinnern: »Er saß da, hinter Roger. Ein großer, fetter, glatzköpfiger Typ. Ich fragte Roger: ›Wer ist das?‹ Er sagte: ›Keine Ahnung!‹ Ich antwortete: ›Ich dachte, es ist ein Freund

Crazy Diamond: Syd Barrett, Gründer und frühes Mastermind von Pink Floyd, 1967 im Londoner Ufo Club

von dir.‹ Und er sagte: ›Nein, ich weiß nicht, wer das ist.‹ Jedenfalls brauchte ich eine Weile, nach etwa 45 Minuten aber war mir plötzlich klar, dass es Syd war.« Als Nick Mason in dem Fremden, den er für einen Freund des Toningenieurs hält, schließlich ebenfalls Barrett erkennt, ist auch er geschockt: »Syds körperliche Verfassung traf mich wie ein Schlag. Ich hatte immer noch das Bild des Mannes vor Augen, den ich sieben Jahre zuvor zum letzten Mal gesehen hatte – fast vierzig Kilo leichter, mit dunklen Locken und einem überschäumenden Temperament.« Jetzt redete er »unzusammenhängend, und seine Sätze ergaben keinen Sinn – wobei ich fairerweise zugeben muss, dass sicher keiner von uns so recht wusste, was er sagen sollte.«

Die Atmosphäre im Regieraum ist beklemmend. Barrett deutet an, dass er der Band gerne behilflich sein würde. Daraufhin schlagen ihm die Musiker vor, gemeinsam den fast fertigen Mix von »Shine On You Crazy Diamond« anzuhören. Barrett hört zu – und sagt nichts. Inzwischen, so wird Storm Thorgerson, enger Freund und Chefgraphiker der Band, später berichten, »weinten zwei, drei Leute. Währenddessen saß er da und redete, aber irgendwie war er nicht wirklich da.«

Bald darauf ist Barrett so plötzlich wieder verschwunden, wie er gekommen ist. Zurück bleibt die konsternierte Band. Nick Mason: »Abgesehen von den merkwürdigen Umständen seines Besuchs müssen wir Syd zugestehen, dass er bei diesem Stück als Katalysator gewirkt hat. Der Songtext stand bereits fest, doch Syds Stippvisite unterstrich die Melancholie und beeinflusste vielleicht auch die endgültige Version. Für mich ist es immer noch der ergreifendste Moment des ganzen Albums, wenn die letzten Töne ausklingen und Rick wehmütig ein paar Melodiefetzen von ›See Emily Play‹ in den oberen Oktaven anspielt.«

WISH YOU WERE HERE, das neunte Studioalbum von Pink Floyd, erschien am 12. September 1975 und konnte an den Erfolg seines Vorgängers anknüpfen. Heute gilt es als einer der künstlerischen Höhepunkte im Pink-Floyd-Katalog und als ein Meisterwerk des Seventies-Rock. Syd Barrett, der am 6. Januar 2006 seinen 70. Geburtstag gefeiert hatte, starb sechs Monate später, am 7. Juli, an den Folgen einer Bauchspeicheldrüsen-Krebserkrankung und seiner langjährigen Diabetes. Seit seinen Soloalben THE MADCAP LAUGHS und BARRETT (beide 1970) hatte er keine Musik mehr gemacht. Seine Pink-Floyd-Kollegen sahen ihn nach jenem 5. Juni 1975 nie wieder.

3. Dezember 1976
Schüsse in 56 Hope Road

*Attentate, Straßenkämpfe, Schießereien – in den 1970er Jahren war Jamaika ein politisches Pulverfass, ein Land am Rande des Bürgerkriegs. Am 3. Dezember 1976 geriet auch Reggae-Superstar **Bob Marley** zwischen die Fronten und ins Visier der Street-Gangs: Um ein Haar wäre sein Leben an diesem Tag vorbei gewesen. Er überlebte – und starb dennoch nur wenige Jahre später.*

56 Hope Road, Kingston, Jamaika. Es ist der Abend des 3. Dezember 1976, ein Freitag. Die Uhr zeigt zwölf Minuten nach neun, als auf dem Anwesen von Bob Marley plötzlich das Chaos ausbricht. Schüsse fallen, Menschen rennen schreiend durch das Haus und den geräumigen Hof, Automotoren heulen auf. Es herrscht die blanke Panik, keiner weiß, was eigentlich los ist.

Minuten zuvor noch ist Hope Road ein Ort des Friedens gewesen. Marleys vollständig versammelte Band probt für das große »Jamaica

Reggae, Roots & Rastafari: Bob Marley, erster Pop-Superstar der Dritten Welt

smile!«-Free Concert am folgenden Sonntag. Gerade erst hat man die Arbeit unterbrochen. Der Sänger befindet sich mit Manager Don Taylor und seinem Rastafreund Lewis Griffith in der Küche und isst eine Grapefruithälfte. Seine Frau Rita ist im Begriff, das Haus zu verlassen, um Leslie Miles, einen Reporter der *Jamaica Daily News*, der soeben ein Interview mit dem neuen Wailers-Gitarristen Donald Kinsey beendet hat, zurück zum Verlag zu fahren. Kaum sitzen beide in Marleys grünem VW, hören sie eine Serie von Explosionen, die sie zunächst für krachende Feuerwerkskörper halten. Sie wollen mit dem Wagen zur Ausfahrt, die aber ist durch ein fremdes Auto blockiert. Rita Marley, die am Steuer sitzt, wird von einer Kugel am Kopf getroffen. Scheiben klirren, Blut spritzt. Jahre später wird sich Miles in der Tageszeitung *The Jamaica Observer* an jenen Abend erinnern: »Instinktiv duckten wir uns weg und suchten Schutz im Fußraum.« Als Sekunden später draußen auf der Hope Road zufällig ein Polizeiwagen vorbeifährt, sind die Täter so schnell wieder weg, wie sie aufgetaucht waren. Kurz darauf treffen Polizei und Ambulanz ein. Miles rennt zur Nachbarvilla und berichtet atemlos an seine Zeitung.

Im Haus sind acht Schüsse gefallen. Fünf haben Don Taylor in Beine und Unterleib getroffen. Zufällig stand er im Moment der Schie-

Schießerei mit Folgen: Bob Marleys Anwesen in Kingston, Jamaika

ßerei vor Marley, den nur eine Kugel an der Brust streift, bevor sie in seinem linken Arm steckenbleibt. Ebenfalls in den Unterleib getroffen wird Lewis Griffith.

Es grenzt an ein Wunder, dass niemand getötet wird. Im Krankenhaus werden die Verletzten versorgt. Marley und Entourage ziehen sich daraufhin in die Berge vor der Stadt zurück. Zwei Tage später treten sie dennoch auf, Marley mit dem Arm in einer Schlinge, Rita mit einem dicken Kopfverband – Jamaika soll lächeln, so wie es das Konzertplakat verspricht.

Von der weltweiten Popgemeinde wird Bob Marley Mitte der 1970er Jahre fast wie ein Heiliger verehrt, seine Rasta-Rebellion trifft auf breite Solidarität. Wie keine andere Figur der Popkultur erfüllt Marley das Klischee des Edlen Wilden, der sich gegen Unterdrückung und Gewalt erhebt. Seine Songs wie »No Woman No Cry«, »Get Up, Stand Up« und »I Shot The Sheriff« sind internationale Hymnen. Reggae, Rasta und Rebellion werden romantisiert, Gras zu rauchen gilt als revolutionärer Akt und Rastalocken als schick.

Ganz anders die Situation auf Jamaika: Die politische Lage dort hat sich immer mehr verschärft. Als Pazifist und radikaler Rastafari-Verfechter läuft Marley bereits seit geraumer Zeit Gefahr, mit seiner konsequenten Haltung zwischen die politischen Fronten zu geraten. Während ihn die einfachen Menschen respektieren, seinen Mut bewundern und seine Musik lieben, gibt es in den politischen Lagern einige, denen der Reggae-Prophet mit seinen öffentlichen Statements ein Dorn im Auge ist. Zudem hat sich der Grabenkrieg zwischen der rechtsgerichteten Jamaican Labour Party (JLP) des Oppositionsführers Edward Seaga und der People's National Party (PNP) des Ministerpräsidenten Michael Manley verschärft. Gewalttätige Ausschreitungen häufen sich, unaufhaltsam scheint das Land in einen Bürgerkrieg zu schlittern.

Im Herbst 1976 dann hat Manley den zögernden Marley überredet, an einem für den 5. Dezember geplanten Free Concert teilzunehmen, das die erhitzten Gemüter unter dem Motto »Jamaica smile!« beruhigen soll. Kaum hat Marley zugesagt, setzt Manley für den 16. Dezember Neuwahlen an. Damit erscheint das Konzert plötzlich als eine PNP-Wahlkampfveranstaltung, für die sich der bislang als politisch neutral geltende Marley anscheinend zur Verfügung stellt. Ohne eigenes Zutun ist der Star nun zur Zielscheibe geworden.

Friedensgeste: 1978 vereint Marley beim »One Love Peace Concert« die Hände der Polit-Kontrahenten Edward Seaga und Michael Manley.

Zwar werden die Hintergründe des Überfalls an der Hope Road nie geklärt, und bis heute sind die Täter weder identifiziert noch gefasst worden. Vermutlich aber stammen sie aus dem Umfeld der JLP. In der Öffentlichkeit gibt sich Marley weiter kämpferisch. Einem Pressemann, der ihn fragt, warum er nur zwei Tage nach dem Attentat wieder auf die Bühne steigt, sagt er am 5. Dezember: »Die Menschen, die diesen Planeten schlechter machen wollen, machen nicht einen Tag Pause. Warum also sollte ich das tun?«

Dennoch hat ihn das Attentat nachhaltig verunsichert. Für die nächsten Wochen begibt er sich auf die Bahamas, um seine Verletzungen auszukurieren und neue Songs zu schreiben. Anschließend geht er mit den Wailers ins englische Exil, wo er für die folgenden 14 Monate bleiben und sein neues Album, das nachdenkliche EXODUS, aufnehmen wird. Derweil spitzt sich die Lage auf Jamaika weiter zu.

Als Bob Marley am 26. Februar 1978 endlich in seine Heimat zurückkehrt, warten 2000 Menschen am Flughafen von Kingston. Ein triumphaler Empfang. Und ein Vorgeschmack auf das, was wenige Wochen später geschehen wird. Für den 22. April steht im National Stadium das »One Love Peace Concert« auf dem Programm, das ein Ende des Bürgerkrieges markieren soll. Neben Reggae-Stars wie Peter Tosh, Dennis Brown und Big Youth treten auch Marley und seine Wailers auf. Die Idee zu diesem »Woodstock der Karibik« hatten Claudius Massop von der JLP und Aston Marshall von der PNP, als sie zusammen in derselben Gefängniszelle saßen. Während seines Songs »Jamming« holt Marley die Führer der verfeindeten Lager, Premierminister Michael Manley und Oppositionschef Edward Seaga, auf die Bühne. Unter dem ohrenbetäubenden Jubel von Zehntausenden vereinigt er ihre Hände über seinen Dreadlocks zum symbolischen Friedensschluss.

In den folgenden Wochen führte die Geste tatsächlich zu einer Beruhigung der Situation. Letztlich aber flammten die Auseinandersetzungen erneut auf. Bis zum Wahljahr 1980 wurden auf Jamaika mehr als 1000 politisch motivierte Morde registriert, unter den Opfern waren auch Massop und Marshall. Erst allmählich kam das Land im folgenden Jahrzehnt wieder zur Ruhe.

Bob Marley aber erlebte das nicht mehr. Zwar hatte er das Attentat am 3. Dezember 1976 überstanden, dennoch holten ihn die Götter schon früh zu sich: Er starb am 11. Mai 1981 mit nur 36 Jahren an den Folgen einer Krebserkrankung.

16. August 1977
Die Akte Graceland

*Wohl kein Tod in der Popgeschichte hat so viele Menschen berührt wie der vom 16. August 1977: Es war der Tag, an dem **Elvis Presley** starb. Und in kaum einem anderen prominenten Fall wurde jahrzehntelang so heftig über die Todesursache gestritten.*

Damit rechnen konnte niemand. Und auch nach heutigem Stand der Erkenntnis kann niemandem eine Schuld gegeben werden. Die nüchternen Fakten: Elvis Presley, der King Of Rock 'n' Roll, starb am 16. August 1977 mit gerade erst 42 Jahren an den Folgen eines Herzanfalls. Zumindest ist das die Wahrheit, die nach mehr als drei Jahrzehnten mit offiziellen Untersuchungen, Gerichtsprozessen, Enthüllungsbüchern und seriösen Forschungen bleibt.

Es ist ein Dienstag, die Sommerhitze lastet schwer auf Memphis. Für Elvis Presley steht eine weitere US-Tournee mit zwölf Shows auf dem Plan. Am Abend dieses 16. August soll ihn sein Privatjet von seinem Anwesen Graceland in Memphis, Tennessee, nach Portland im Bundesstaat Maine bringen. Dort soll am nächsten Tag das erste Konzert stattfinden. In der Verfassung für eine Tournee ist der Sänger allerdings nicht. Er ist deutlich übergewichtig, und konditionell pfeift der 1,82-Meter-Mann auf dem letzten Loch. In der Dusche seines Badezimmers hat er, wie sein Biograph Peter Guralnick berichtet, gar einen Vinylstuhl installieren lassen, damit er die Reinigungsprozedur nicht im Stehen hinter sich bringen muss. Dazu hat er sich im Lauf der Jahre in eine fatale Abhängigkeit von allen möglichen Tabletten hineinmanövriert, mit deren Hilfe er seine Angstzustände, seine Schlaflosigkeit und die quälenden Verdauungsprobleme in den Griff bekommen will.

Wie üblich geht er auch an diesem Tag erst in den Morgenstunden schlafen. Zuvor hat er gegen Mitternacht seinen Zahnarzt besucht, danach Tourneedetails mit seinem Tourmanager besprochen und später Squash mit seiner 20-jährigen Freundin Ginger Alden sowie seinem Cousin Billy und dessen Frau gespielt. Anschließend, so erzählte es Alden in einem Interview mit der *Süddeutschen Zeitung*, habe Elvis ihr am Klavier noch den Willie-Nelson-Song »Blue Eyes Cryin' In The Rain« vorgespielt, im Anschluss habe sich jeder zu Bett

Der King auf seinem letzten Weg: Elvis Presleys Beerdigung am 18. August 1977 in Memphis, Tennessee

begeben. Alden: »Dann ist er ins Badezimmer gegangen – und ich habe gesagt, pass auf, dass du nicht auf dem Klo einschläfst. Er hat gelacht und geantwortet: Werde ich nicht. Das war sein letzter Satz.«

Gegen Mittag wird Alden wach. Elvis ist nicht da. Sie steht auf, sieht die nur angelehnte Badezimmertür, klopft, hört keine Antwort, betritt den Raum und findet Presley in gekrümmter Haltung vor der Toilette auf dem Boden liegend. Sie will ihn wecken. Keine Reaktion. Noch bevor der Notarzt eintrifft, versuchen Hausbedienstete mit vereinten Kräften, den King aus dem Badezimmer zu ziehen, und beginnen Wiederbelebungsmaßnahmen. Vergeblich. Um 15:30 Uhr Ortszeit wird Elvis Presley im Baptist Memorial Hospital für tot erklärt.

Eine Obduktion ist nach US-Recht nicht nötig, da keine Verdachtsmomente auf Fremdverschulden vorliegen. Sie wird von Vater Vernon Presley aber privat beantragt und findet noch am Todestag statt. Mit dabei ist neben dem Pathologen-Team der Klinik auch der amtliche Leichenbeschauer Jerry Francisco. Statt aber Aufschluss über das Ende des King Of Rock 'n' Roll zu bringen, erweist sich diese

Untersuchung als Auftakt zu jahrzehntelangen Rechtsstreitigkeiten, Unterstellungen und Spekulationen. Noch bevor die Obduktion des Leichnams abgeschlossen ist, tritt Francisco vor die Presse und gibt als Todesursache »Herzversagen durch Herzarrhythmie« an. Dazu verkündet er ausdrücklich, dass keine »Hinweise auf Medikamentenmissbrauch oder Drogenkonsum« vorliegen.

Das Obduktionsergebnis überrascht, zumal ein von drei ehemaligen und gefeuerten Bediensteten der Presley-Entourage geschriebenes Enthüllungsbuch mit dem Titel *Elvis – what happened?*, das in jenem Sommer für öffentliche Diskussionen sorgt, das glatte Gegenteil behauptet. Hinzu kommt, dass die Ergebnisse der Laboruntersuchungen, die im Zusammenhang mit der Obduktion vorgenommen worden sind, noch gar nicht vorlagen. Überdies werden später weitere Blut- und Urinproben zur Untersuchung an das kalifornische Bio-Science-Labor gegeben.

Es stellt sich heraus, dass Presley nicht nur unter chronischer Schlaflosigkeit, sondern auch unter Depressionen, Bluthochdruck, Diabetes Mellitus, Arthritis, chronischer Verstopfung (Megakolon) sowie Nierenproblemen litt. Dazu wird eine Arteriosklerose in den großen Herzkranzgefäßen festgestellt. Gegen die meisten dieser Krankheiten verschrieb ihm Leibarzt Dr. George Nichopoulos Medikamente. Der Toxikologe Robert H. Cravey vom Bio-Science-Institut ist davon überzeugt, dass Presleys Tod auf das Zusammenwirken der vielen verschiedenen Arzneimittel zurückzuführen ist – womit er der offiziellen Todesursache widerspricht. Zunächst wird seine Meinung aber nicht öffentlich diskutiert. Das geschieht erst, als die Bio-Science-Ergebnisse 1979 zwei Reportern von ABC in die Hände fallen. Sie machen daraus ein Sensationsstück, das behauptet, Elvis sei von gewissenlosen Ärzten in den systematischen Medikamentenmissbrauch und damit letztlich in den Tod getrieben worden. Der TV-Report verfehlt seine Wirkung nicht, gegen Dr. Nichopoulos werden nacheinander zwei Verfahren eröffnet, er wird jedoch jeweils freigesprochen.

1991 leitet der Staat Tennessee aufgrund eines weiteren Buches, das die offizielle Todesursache in Frage stellt, neuerliche Ermittlungen ein. Der erfahrene Pathologe Joseph Davis schaut sich das Material noch einmal gründlich an und kommt zu dem unmissverständlichen Schluss: »Es dauert Stunden, bis man aufgrund von Medikamenteneinnahmen stirbt. Elvis wäre zunächst in einen Schlummer

Siegerlächeln zur überdimensionalen Gürtelschnalle: Presley Anfang der 1970er Jahre in seiner Las-Vegas-Phase

Show-Schwergewicht: Zuletzt hatte Presley, hier bei einem Auftritt in Las Vegas, mit gesundheitlichen Problemen zu kämpfen.

gefallen. Die Szenerie zeigte schon eindeutig, was mit ihm passiert war. Das war ein Lehrbuchfall eines Herzanfalls.« Das bislang letzte Wort in der Sache sprachen dann im Jahr 2009 die Darmspezialisten Chris Lahr und Thomas Abell. Sie glauben, dass Presley unter Morbus Hirschsprung, einer angeborenen Darmkrankheit, litt, und dass deren Stadium so weit fortgeschritten war, dass sie beim Toilettengang einen Herzinfarkt ausgelöst haben könnte.

Ob die Akte Graceland damit endgültig geschlossen ist, wird die Zukunft zeigen. Fest steht, dass Elvis letzten Endes vor allem an einer Überdosis Elvis starb: Neben Coca Cola und Superman war er das amerikanischste aller Popsymbole – er verkörperte einen Lebensstil, der auf die Unendlichkeit der Ressourcen und das Prinzip der Opulenz setzt. Zu sehen war das an seinem schmerzfreien Verhältnis zum Kitsch in der Musik ebenso wie am goldenen Cadillac, den er sich nach seinen ersten Hits zulegte, an der pompösen Graceland-Ausstattung, den völlig aus der Zeit gefallenen Bühnenkostümen seiner späten Phase und dem maßlosen Verzehr von Erdnussbuttertoast und Banana-Split. Oder wie er einst in »Once Is Enough« sang: »Was ist gut daran, die 90 zu schaffen, wenn du 89 verschwendet hast?«

16. September 1977
Tod im Morgengrauen

Er war das schillernde Genie des 70s-Glamrock, hatte mit T. Rex Hits für die Ewigkeit gelandet und steckte voller Zukunftspläne. Am frühen Morgen des 16. September 1977 aber, kurz vor seinem 30. Geburtstag, kam **Marc Bolan** *bei einem Autounfall in London ums Leben.*

Es ist wenige Minuten vor fünf Uhr an jenem Freitagmorgen. London schläft, und nur zwei Autos befahren den schmalen Queen's Ride südlich der Themse. Das hintere der beiden Autos wird von Richard Jones gesteuert. Vor sich sieht er die Rücklichter eines violetten Mini 1275 GT. Darin sitzt seine Schwester Gloria, neben ihr Marc Bolan. Sie will den Wagen zur wenige hundert Meter entfernten Wohnung des Paares in der 142 Upper Richmond Road chauffieren. Jones sieht, wie sie auf eine kleine Brücke zusteuert ...

Begonnen hatte das kurze Leben des Mark Feld, wie er bürgerlich hieß, 29 Jahre zuvor auf der anderen Seite der Themse. Im nördlichen Stadtteil Stoke Newington kam er am 30. September 1947 als Sohn jüdischer Eltern zur Welt, und nichts deutete darauf hin, dass der Junge eines Tages als Musiker durchstarten und einen Rolls-Royce besitzen würde. Wie so viele kriegsgebeutelte Engländer nagten auch die Felds am Hungertuch, erst in den 1950ern ging es allmählich aufwärts. Und dies waren die Jahre, in denen der kleine Marc seine musikalische Ader entdeckte. Vor allem eine Bill-Haley-Platte, die der Vater ihm schenkte, brachte ihn auf den Geschmack. Kurz darauf die erste Gitarre, und wenig später schon landete er in einer Schülerband namens Susie and the Hula-Hoops. Deren Sängerin war die 12-jährige Helen Shapiro, die es bald selbst zum Star bringen sollte.

Der ausnehmend hübsche, dunkelhaarige und charismatische Bolan aber befand sich da schon auf der ersten Sprosse seiner eigenen Erfolgsleiter. Er lungerte in der berühmten 2i's Coffee Bar herum, wo sich die Hipster der Stadt trafen und er selbst bald einen Kellnerjob ergatterte; er frönte seiner ausgeprägten Vorliebe für schicke Klamotten, was ihm den einen oder anderen Job als Model einbrachte, und er begann sich in der Musikszene umzutun. Bereits im zarten Alter von 17 Jahren nahm der gerade mal 1,65 Meter große Junge mit den brünetten Locken und dem sanften Blick aus braunen Augen einen ers-

Rock 'n' Rikscha: Glamrock-Ikone Marc Bolan genießt die Früchte seines Pop-Ruhms.

ten Song auf, »All At Once« blieb allerdings unveröffentlicht – und so ging es weiter, bis 1966 dann die entscheidende Begegnung zustande kam: Mit dem Manager Simon Napier-Bell lief Bolan einer der einflussreichsten Figuren der damaligen Szene über den Weg. Beeindruckt vom Songwriting-Talent und dem zweifellos vorhandenen Starpotential des Jünglings, wollte Napier-Bell Bolan für John's Children verpflichten, eine weitere hoffnungsvolle Band aus seinem Stall. Aber auch die mit der Gruppe eingespielte Single »Desdemona«

ging unter, nicht zuletzt wegen der Textzeile »Lift up your skirt and fly«, die der biedere BBC als nicht sendefähig brandmarkte.

Als sich John's Children wenig später auflösten, nahm der inzwischen 20-jährige Bolan die Dinge selbst in die Hand. 1967, im Sommer der Liebe, gründete er seine eigene Band, das psychedelische Folkduo Tyrannosaurus Rex. Schnell machte er sich mit Partner Steve Peregrine Took einen Namen, in den Hipsterkreisen der Stadt wurde er als der kommende Star gehandelt, und der legendäre BBC-Discjockey John Peel protegierte ihn nach Kräften. Der Erfolg aber blieb aus.

Erst als Bolan den Bandnamen 1970 auf ein schlichtes T. Rex verkürzte, platzte der Knoten endlich auch kommerziell. »Ride A White Swan« wurde im Herbst zum ersten Singlehit. Der Song entpuppte sich als der Startschuss für einen Triumphzug: Nacheinander knackten nun »Hot Love«, »Get It On« und »Jeepster« die UK-Charts, sie alle landeten entweder auf Platz eins oder zwei – Ende 1971, in nur zwölf Monaten, war Marc Bolan zum Superstar geworden. Die Teenager lagen ihm zu Füßen, die Presse sprach von »Bolanmania«. Weitere Singles wie »Telegram Sam«, »Metal Guru«, »Children Of The Revolution« und »Solid Gold Easy Action« hielten mühelos das Niveau, und Ringo Starr drehte den Konzertfilm *Born to Boogie*. Es schien, als könne Bolan nichts falsch machen.

Bis 1974. Plötzlich, wie auf ein geheimes Zeichen hin, blieben die Hits aus, und Bolan geriet nun auch in private Schwierigkeiten: Er kämpfte mit Drogen- und Alkoholproblemen, musste die Trennung von Gattin June verarbeiten und setzte obendrein überflüssige Pfunde an. 1976 jedenfalls galt der Mann, der neben seinem alten Freund David Bowie das Gesicht des Glamrock gewesen war, als erledigt. Doch Totgesagte leben länger: Als Punk und Disco am Horizont auftauchten, präsentierte sich Marc Bolan erholt, voller Tatendrang und mit dem neuen Album DANDY IN THE UNDERWORLD auf der Höhe der Zeit, Die junge Punkszene schloss den gefallenen Helden in die Arme, mit der TV-Show *Marc* startete er erneut durch. Zusammen mit The Damned tourte er erfolgreich durch England. Er war wieder da.

Bis zu jener fatalen Nacht im September 1977: Es ist schon nach Mitternacht, als er in Begleitung von Gloria Jones und deren Bruder Richard in Morton's Club in Mayfair eintrifft. Die Stimmung ist entspannt, und erst weit nach vier Uhr in der Frühe macht sich das Trio

Trostloses Ende: das Wrack des Mini Cooper, in dem Marc Bolan in den Morgenstunden des 16. September 1977 starb

auf den Heimweg. Marc, der wegen seiner Angst vor Maschinen nie einen Führerschein gemacht hat, und Gloria fahren mit dem Mini. Der Rolls-Royce des Sängers, ein Silver Cloud II, Baujahr 1960, ist an diesem Abend vom Bolan-Management an die befreundete Band Hawkwind ausgeliehen worden.

Bis zu der schmalen, buckligen Brücke, die auf Queen's Ride über eine Eisenbahnstrecke führt, verläuft die Fahrt nach Richmond ohne besondere Vorkommnisse. Richard Jones sieht, wie vor ihm die Rücklichter des Mini hinter dem Scheitelpunkt der Brücke verschwinden. Im nächsten Moment steigt eine Rauchsäule auf, Augenblicke später entdeckt er das völlig zerknautschte Wrack im Scheinwerferlicht. Der Mini ist gegen einen Baum auf der linken Straßenseite geprallt. Jones ahnt bereits, dass jede Hilfe zu spät kommt. Tatsächlich findet er den Sänger wenige Augenblicke später auf dem Beifahrersitz des Kleinwagens, durch die Wucht des Aufpralls aber hat sich der Sitz um 180 Grad nach hinten gedreht. Bolan, der in dieser Nacht eine orange leuchtende Lycrahose und ein grünweißes Top trägt, muss auf der Stelle tot gewesen sein. Gloria Jones aber atmet noch. Bewusstlos ist sie auf dem Fahrersitz eingeklemmt. Mit Bein- und Kieferbruch wird sie ins Krankenhaus eingeliefert.

Später soll ein Gericht klären, ob eine alkohol- oder drogenbedingte Fahruntüchtigkeit vorlag. Gloria Jones erscheint jedoch nicht zum Anhörungstermin. Stattdessen stellt sich heraus, dass an dem Unfallwagen in einer Werkstatt noch zwei Tage zuvor die Räder ausgewuchtet wurden und ein Reifen gewechselt worden war. Dazu werden gelockerte Radmuttern sowie erheblich verringerter Luftdruck in den Reifen festgestellt – möglicherweise ein Fehler der Werkstatt und der Grund, warum Jones die Kontrolle über das Fahrzeug verloren hatte.

Marc Bolan, zu dessen Beisetzung Freunde und Kollegen wie David Bowie, Rod Stewart, Steve Harley, Alvin Stardust und Produzent Tony Visconti erschienen, war am selben Tag wie die weltberühmte Opernsängerin Maria Callas gestorben. Ihren Abschied aber vermeldeten die englischen Zeitungen auf Seite drei, die Titelseite gehörte dem »20th Century Boy« aus Stoke Newington – ein letztes Mal.

20. Oktober 1977
Das Ding aus dem Sumpf

*Es war einer der traurigsten Tage in der Geschichte der Popmusik: Am 20. Oktober 1977 stürzten die Southern-Rocker **Lynyrd Skynyrd** während einer US-Tournee mit dem Flugzeug ab – drei Bandmitglieder, der Roadmanager und die beiden Piloten starben.*

Der 20. Oktober 1977 ist ein Donnerstag. Am späten Nachmittag steuert Pilot Walter W. McCreary die kleine Maschine vom Typ Convair CV-300 in Richtung der bald untergehenden Sonne. Etwa zweieinhalb Stunden zuvor ist das Flugzeug in Greenville, South Carolina, gestartet, noch knapp 50 Meilen sind es bis Baton Rouge, Louisiana. 26 Personen, darunter Musiker und Crew von Lynyrd Skynyrd, sind an Bord. Dieser Flug soll der letzte der museumsreifen Maschine sein. Das Vertrauen der Musiker in die 30 Jahre alte Convair ist erschüttert, schon am Tag zuvor waren aus einem der Motoren riesige Flammen geschossen. Jetzt ist laute Musik an Bord zu hören, dazu Gläserklirren und Lachen.

1964, mehr als zehn Jahre zuvor, hatte die Geschichte von Lynyrd Skynyrd in Jacksonville, Florida, begonnen. Wie so viele seiner Kumpels war auch Ronald Wayne Van Zant rettungslos den Rolling Stones verfallen. An der Schule fand der 16-Jährige Gleichgesinnte, darunter Gary Rossington, Bob Burns und Allen Collins. Mit ihnen gründete er eine Band, The Noble Five. In den folgenden Jahren kämpften sich die Jungs hartnäckig nach oben, wurden allmählich zu Local Heroes. 1969 dann der Namenswechsel – Lynyrd Skynyrd ist eine Verballhornung von Leonard Skinner, dem ehemaligen Sportlehrer der Musiker an der Robert E. Lee High School.

Und nun geht es langsam, aber sicher vorwärts: Schon das erste Album, PRONOUNCED ›LEH NERD SKIN NERD‹ (1973) und produziert von ihrem Entdecker Al Kooper, lieferte Klassiker wie »Free Bird«, »Tuesday's Gone« und »Simple Man«, und spätestens mit »Sweet Home Alabama« vom zweiten Album SECOND HELPING (1974) hatten Van Zant und die Seinen einen Platz in der ersten Liga des US-Rock erobert. Auch weil sie längst zu den besten Live-Bands weit und breit zählten. Im Herbst 1977 stehen bereits vier Studioalben und der Livemitschnitt ONE MORE FROM THE ROAD in der Bilanz. Am 17. Oktober 1977 erscheint das von Tom Dowd produzierte STREET SURVIVORS. Mit ihrem knorrigen und dennoch virtuosen Southern Boogie sind Lynyrd Skynyrd nun drauf und dran, zu Superstars aufzusteigen.

Drei Tage nach der Veröffentlichung des Albums aber ist alles vorbei: Der rechte Motor der Convair beginnt zu stottern, kurz darauf fällt er ganz aus. Stille. Erschrocken sehen die Insassen hinaus auf den Flügel. Wenig später hören sie ein geschocktes »Oh, mein Gott!« aus dem Cockpit. Hektisch weist Copilot Bill Gray die Passagiere an, sich anzuschnallen. Eine Notlandung ist nicht mehr zu verhindern. Die Bäume des unter der Maschine dahinrasenden Sumpfes kommen näher.

Um exakt 18:47 Uhr geschieht es. Keyboarder Billy Powell wird später zu Protokoll geben: »Es war ein Lärm, als würde jemand die Außenhaut des Flugzeugs mit Hunderten von Baseballschlägern traktieren. Ich krachte in einen Tisch. Leute wurden von Gegenstän-

Lynyrd Skynyrd 1977: Leon Wilkeson, Artimus Pyle, Allen Collins, Leslie Hawkins, Gary Rossington, Ronnie Van Zant, Steve Gaines, Jo Billingsley (stehend v. l.); Billy Powell, Cassie Gaines (vorne v. l.)

Southern-Rock-Ikonen: Ronnie van Zant und Gary Rossington (r.) auf der Bühne

den getroffen, die kreuz und quer durch den Passagierraum flogen. Das Dach des Flugzeugs wurde abgerissen.«

Sekunden später: Zwischen abgerissenen Wrackteilen, Einrichtungsgegenständen, Gepäckstücken und Gitarrenkoffern glänzen im dämmrigen Grün des Waldes großformatige Promotionfotos. Powell und Drummer Artimus Pyle, beide schwer verletzt, retten sich mühsam ins Freie. Copilot Gray hängt ohne Kopf in einem Baum. Roadmanager Dean Kilpatrick ist ebenfalls tot, ein großes Wrackteil steckt in seinem Rücken. Bassist Leon Wilkeson wimmert: Sein Kiefer, das linke Bein und der linke Arm sind gebrochen, die Brust gequetscht, seine Lunge verletzt. Unter den Verletzten im Wrack ist auch Gitarrist Gary Rossington, Arme und Beine gebrochen, mit Prellungen und einer heftigen Gehirnerschütterung. Sein Kollege, der hochgewachsene Gitarrist Allen Collins, hat zwei Halswirbel gebrochen. Ein Metallteil steckt in seinem Arm: ein komplizierter Bruch und Knochenabsplitterungen. Auch Backgroundsängerin Leslie Ann Hawkins ist lebensgefährlich verletzt. Sie hat einen dreifachen Halswirbelbruch erlitten, und ihr zerschnittenes Gesicht kann später nur durch aufwendige plastische Operationen wiederhergestellt werden.

Sänger Ronnie Van Zant hängt in seinem Sitz. Äußerlich wirkt er völlig unversehrt, nur ein »münzgroßer Bluterguss an seiner Schläfe« ist zu sehen, so erinnert sich später Artimus Pyle. Van Zant aber ist tot. So wie auch Gitarrist Steve Gaines und seine Schwester, Backgroundsängerin Cassie Gaines.

Die späteren Untersuchungen können die Absturzursache nicht restlos klären. Fest steht, dass der Pilot wenige Augenblicke vor dem Unglück »Probleme mit dem Treibstoff-Vorrat« meldete, woraufhin ihn die Flugsicherung anwies, einen nahegelegenen Flugplatz in McComb anzufliegen. Im offiziellen Bericht des U. S. National Transportation Safety Board, Washington DC, vom 19. Juni 1978 wird als Unfallursache eine »Fehlfunktion unbestimmter Ursache im rechten Motor mit der Folge erhöhten Treibstoffverbrauchs« festgestellt. Das erklärt, warum der Maschine trotz vermeintlich ausreichender Vorräte der Sprit ausgegangen war. Menschliches Versagen soll laut Bericht insofern mitverantwortlich für das Unglück sein, als die Piloten den Treibstoffverbrauch falsch eingeschätzt hatten.

Erst zehn Jahre nach dem tragischen Ende der Band reformieren die Überlebenden Lynyrd Skynyrd. Das Mikrophon übernimmt Johnny Van Zant, der jüngste Bruder von Ronnie. 1990 stirbt Gitarrist Allen Collins, der seit einem Autounfall gelähmt war und daher bei der Reunion der Band nicht mit von der Partie sein konnte. 2001 erwischt es Bassist Leon Wilkeson, Billy Powell folgt den beiden 2009.

Zwar konnten Lynyrd Skynyrd nie an die großen Erfolge der klassischen Besetzung anknüpfen, aber bis heute tourt die Band erfolgreich, bringt gelegentlich ein Album heraus und begreift sich in erster Linie als Botschafter und Bewahrer des großen Erbes des Southern Rock, das die Originalband hinterlassen hat. Gary Rossington, inzwischen 65 Jahre alt, ist das letzte überlebende Mitglied der ersten Stunde. Er sagt: »Wir sind noch immer hier und halten die Musik am Leben. Wir wollen den Namen Lynyrd Skynyrd in Ehren halten und dafür sorgen, dass die Jungs, die nicht mehr bei uns sind, stolz auf uns sein können.«

Im Mai 2018 starteten Lynyrd Skynyrd ihre weltweite »Last of the Street Survivors Farewell«-Tournee, mit der sie sich nun endgültig von der Bühne verabschieden wollen.

2. Februar 1979
Tödliche Romanze

Herbst 1978: Die Sex Pistols waren Geschichte, und Punk hatte sich als großer Schwindel entpuppt. **Sid Vicious** *und seine Freundin* **Nancy Spungen** *aber zelebrierten in New Yorks Chelsea Hotel eine rauschende Party nach der anderen. Kurz darauf waren beide tot.*

Drei lange Stunden sitzt Eileen Polk auf der Bettkante im Schlafzimmer eines Apartments in 63 Bank St., Manhattan. Neben ihr liegt eine inzwischen kalte Leiche. Die Polizei hat das blonde Punkmädchen angewiesen, dort auszuharren, bis die Kollegen mit dem Leichensack eintreffen.

Der Tote ist ein Pop-Promi. Berühmt geworden ist Sid Vicious als Bassist der Londoner Punkband The Sex Pistols. Die Wohnung, in der er nun, es ist die Nacht zum 2. Februar 1979, sein Leben gelassen hat, gehört Michelle Robinson. Manche sagen, das Groupie sei Sids neue Freundin. Ob das stimmt, tut wenig zur Sache, denn die weibliche Hauptrolle in seinem Leben hat eine andere gespielt: Nancy Spungen, ebenfalls tot. Als man ihren Leichnam am 12. Oktober des Vorjahres aus dem Chelsea Hotel abtransportiert, ist Spungen gerade 20 Jahre alt. Gefunden hat man die junge Frau in Room 100 von New Yorks berühmter Künstlerherberge an der 23. Straße, wo u. a. Leonard Cohen, Salvador Dalí, Bob Dylan, Allen Ginsberg, Janis Joplin, Kris Kristofferson, Arthur Miller, Patti Smith und Tom Wolfe ein Heim gefunden hatten. Spungen liegt unter dem Waschbecken ihres Zimmers inmitten einer Blutlache und mit einer Stichwunde im Unterleib. Ihr Freund Sid Vicious, der sich ebenfalls dort aufhält, wird daraufhin unter dringendem Mordverdacht festgenommen. Es ist der Anfang vom Ende eines Mannes, der zeitlebens am Abgrund gewandelt ist.

Eigentlich hieß der Junge, der am 10. Mai 1957 in Lewisham bei London geboren wurde, John Simon Richie. Eine echte Familie hatte er nie kennengelernt. Kurz nach der Geburt des Sohnes schon verließ der Vater die Familie. Mutter Ann heiratete erneut. Ihr Gatte aber, ein gewisser Christopher Beverly, segnete schon ein halbes Jahr nach der Hochzeit das Zeitliche. John wuchs auf in Turnbridge Wells, südöstlich von London, und schon als Teenager zählte er den jungen John Lydon zu seinen engsten Freunden. Mit Vorliebe lungerte er in Malcolm McLarens und Vivienne Westwoods »Sex«-Boutique in der King's Road herum, die da noch »Too fast to live, too young to die« hieß und zur Keimzelle des Londoner Punk werden sollte. Es war die Zeit, als Lydon, der sich bald »Johnny Rotten« nennen wird, dem bekennenden David-Bowie-Fan John Richie den Künstlernamen Sid Vicious verpasste – inspiriert von einer Ratte namens Sid, die seinen Kumpel in die Hand gebissen hatte.

Wenig später erschienen die Sex Pistols auf der Bildfläche. Zwar gehörte Vicious zur Entourage der ersten Stunde, zur Band aber stieß er erst im Februar 1977, nachdem sich Lydon mit dem Bassisten Glen Matlock überworfen hatte. Als Musiker war Vicious kaum zu gebrauchen, obwohl Lemmy Kilmister von Motörhead persönlich versucht hatte, ihm das Bassspielen beizubringen. Zur Eintrittskarte in die Glamourwelt des Showbiz wurde stattdessen sein Charisma, im Umfeld von »Sex«-Boutique und »100 Club« galt Vicious als Punk-Prototyp – ungehobelt, aufmüpfig und verschlagen. Bei den Aufnahmen zum ersten Pistols-Album glänzte er indes durch Abwesenheit.

Unheilige Allianz: Nancy Spungen und Sid Vicious, hier mit seinem Mentor und Basslehrer Lemmy Kilmister (r.)

Wegen einer drogeninduzierten Hepatitis musste der Rockstar in spe erst einmal ins Krankenhaus. Die Bassparts für NEVER MIND THE BULLOCKS, HERE'S THE SEX PISTOLS spielte derweil der Studiomusiker Chris Spedding ein. Das im Oktober 1977 veröffentlichte Pistols-Debüt schlug wie eine Bombe ein, Singles wie »God Save The Queen«, »Anarchy In The UK« und »Pretty Vacant« wurden zu Hymnen und Vicious berühmt-berüchtigt: Er war genau der Typ, der einem jederzeit von hinten eine Flasche über den Kopf ziehen konnte.

Die Band allerdings pfiff da längst auf dem letzten Loch. Nach einer chaotischen US-Tour und der finalen Show in San Francisco gaben Rotten & Co. im Februar 1978 auf. Vicious, so etwas wie der öffentliche Posterboy des Punk, heuerte nun Kumpels wie Matlock, Rat Scabies (The Damned) und Ex-New-York-Doll Johnny Thunders als Begleitband an und versuchte sich als Solostar. Ansonsten aber verbrachte er seine Zeit mit dem US-Groupie Nancy Spungen und jeder Menge Drogen, darunter inzwischen auch Heroin – Punk rules. Und Sid Vicious vorneweg.

Am 12. Oktober 1978 nimmt das Verhängnis seinen Lauf: In den frühen Morgenstunden findet Vicious den Leichnam seiner Freundin im Badezimmer ihrer gemeinsamen Unterkunft, besagtem Room 100 des Chelsea Hotel. In der Nacht zuvor, so behauptet er später, sei es zum heftigen Streit gekommen, in dessen Verlauf Spungen versehentlich auf sein Messer gefallen sei. Beide standen zum Zeitpunkt des Streits unter Drogeneinfluss. Vicious wird festgenommen und unter Mordanklage gestellt. Wenige Tage später jedoch ist er gegen Kaution wieder auf freiem Fuß. Spungens Tod bleibt ungeklärt – bis heute. Sids letzte Wochen als freier Mann brechen nun an, gekennzeichnet sind sie von Depressionen und Drogenmissbrauch. Zweimal, so ist es verbrieft, versucht er in dieser Zeit sich umzubringen. In einer Diskothek gerät er in eine Schlägerei mit Patti Smiths Bruder Todd. Daraufhin muss er am 9. Dezember wieder ins Gefängnis. Auf Rikers Island unterzieht man ihn einer schmerzvollen Entgiftungskur.

An einem kalten Wintertag, dem 1. Februar, kommt der Star gegen Kaution erneut frei. In Empfang genommen wird er von seiner Mutter Ann Beverley und der erwähnten Michelle Robinson. Mit weiteren Freunden feiert das Trio Sids neugewonnene Freiheit. Ann drückt ihm 100 Dollar in die Hand, um Kokain zu besorgen. Als Vicious in

Anarchy in the U.K.: Sex Pistols live mit Frontmann Johnny Rotten, Gitarrist Steve Jones (verdeckt) und Bassist Sid Vicious

die Wohnung in der Bank Street zurückkehrt, hat er auch Heroin gekauft. Der ungewöhnlich reine Stoff wird ihm in den folgenden Stunden zum Verhängnis, die Mutter findet den Sohn am nächsten Morgen tot in seinem Bett.

Es wird bereits dunkel, als die Männer mit dem Leichensack endlich kommen. Sie erlösen die seit Stunden bei dem Toten wachende Eileen Polk und transportieren die Leiche ab. Die Nachricht vom Ende des Sid Vicious, Galionsfigur des Punk und seit dem Pistols-Split Solokünstler, macht schnell die Runde. In der Presse wird bald über Suizid spekuliert, letztlich aber bestätigt die Obduktion den klassischen Rock 'n' Roll-Tod: Heroin-Überdosis. Später werden Ann Beverly, Polk und ein paar Freunde zum jüdischen Friedhof nach Philadelphia fahren und Sids Asche dort über Nancy Spungens Grab streuen.

Auch wenn Sid Vicious als Musiker kaum Spuren hinterlassen hat – auf Schallplatte ist er lediglich als Sänger auf dem Soundtrack

THE GREAT ROCK 'N' ROLL SWINDLE und dem ausgekoppelten Sinatra-Cover »My Way« zu hören –, so wurde er dennoch zum Mythos: ein James Dean des Punk und zugleich dessen überzeichnetes Maskottchen. Bis heute steht sein kurzes Leben für den Hedonismus der 1970er Jahre, die Radikalität des Punk-Movements und nicht zuletzt die unstillbare Sucht der Popkultur nach tragischen Helden. Pistols-Erfinder und -Manager Malcolm McLaren hat ihn einmal so beschrieben: »Wenn Johnny Rotten die Stimme des Punk ist, dann ist Vicious seine Haltung.« Er tat es auf seine Art.

19. Februar 1980
Highway zur Hölle

Es war ein ganz gewöhnlicher Tod – aber er wurde zum bleibenden Sinnbild des Klischees von Sex, Drugs & Rock 'n' Roll: Am 19. Februar 1980 starb der AC/DC-Sänger **Bon Scott** *in London mit erst 33 Jahren an den Folgen einer ausgedehnten Zechtour.*

Der grüne R5 ist so unscheinbar wie das Haus, vor dem er parkt. Kein Mensch nimmt an jenem 19. Februar 1980 Notiz von dem Auto, das auf der Overhill Road in Dulwich, einem südlichen Stadtteil von London, in Höhe der Hausnummer 67 abgestellt ist. Erst am Nachmittag dieses milden Wintertages sieht der Besitzer, ein junger Mann namens Alistair Kinnear, nach seinem Gefährt. Er wird diesen Moment nie mehr vergessen. Denn auf dem Rücksitz findet er einen Toten. In der Nacht zuvor noch hat er mit ihm gezecht. Eigentlich wollte Kinnear seinen Kumpel nach Hause fahren. Der aber war sturzbetrunken auf dem Rücksitz eingeschlafen und einfach nicht wachzukriegen. Also ließ Kinnear ihn seinen Rausch auf dem Rücksitz ausschlafen und ging selbst ins Bett.

Als er am nächsten Nachmittag wieder wach ist, will er nach dem Kumpel sehen. Er findet ihn: starr, eiskalt und noch immer auf dem vollgekotzten Rücksitz liegend. Der schnell alarmierte Rettungsdienst bringt den Zecher ins nahegelegene King's College Hospital, wo der amtliche Leichenbeschauer nur noch den »Tod durch Alkoholvergiftung« feststellen kann. Ob auch weitere Drogen im Spiel sind, der Tod durch Ersticken am eigenen Erbrochenen oder durch Erfrieren in der Nacht eingetreten ist – all das wird nicht weiter untersucht. Die Identität des Toten indes ist schnell geklärt: Ronald Belford Scott, geboren am 9. Juli 1946 im schottischen Städtchen Forfar.

Als Musiker nennt er sich Bon Scott. Bis zu diesem Februartag ist Scott die unverwechselbare Stimme von AC/DC. Ein drahtiger Kerl mit kantigen Gesichtszügen, dunklen Locken, quadratischem Brustkasten und tätowierten Armen. Scott, mit 1,73 Meter einen Kopf größer als seine Bandkumpane, tritt am liebsten in engen Jeanshosen, Sneakers und allenfalls noch einer offenen Jeansweste auf. So wird er zur Symbolfigur für simple, ehrliche Rockmusik. Und mit der Virilität eines Maurers schreit er sie heraus. In »Highway To Hell«, »Whole

Lotta Rosie« und »It's A Long Way To The Top (If You Wanna Rock 'n' Roll)« wird sein heiseres Brüllen zum sirenenartigen Heulton. Und AC/DC machen dazu Musik ähnlich wie ein Trupp Straßenarbeiter eine Autobahn baut: grobes Gerät, klare Linie, Muskeln und PS satt. Dabei entwickelt die Band eine bis heute unerreichte Ökonomie, die das zuckende Nervenkostüm des Rock 'n' Roll offenlegt, wie es kaum jemandem sonst jemals gelungen ist. Wer Bon Scott verstehen will, muss das wissen, denn all das verkörpert er perfekt: ein einfacher Junge aus dem schottischen Hochland, dessen Begehr um Frauen, Suff und eine möglichst gute Zeit kreist. Nichts sonst.

In den 1950er Jahren wandert Scotts Familie – wie später auch die der AC/DC-Kollegen Malcolm und Angus Young – nach Australien aus, es lockte eine Prämie der britischen Regierung für arme Auswanderungswillige. Als Teenager, zur Hochzeit des Beat, entdeckt Bon die Rockmusik als ideales Betätigungsfeld, versucht sich als Schlagzeuger in diversen Schülerbands, beginnt zu singen und macht sich in der lokalen Szene von Adelaide einen Namen. 1967, auf dem Höhepunkt der Hippie-Ära, landet er mit The Valentines einen kleinen Hit. Später dann nimmt er mit den Bluesrockern Fraternity gar eine ganze LP auf. Nebenher verdingt er sich als Postbote, LKW-Fahrer und Barkeeper. Nach großer Karriere sieht das alles nicht aus, eher nach ein bisschen Spaß als Amateurmusiker und einer Lebensperspektive als Familienvater und Ehemann von Irene, die er 1972 heiratet.

1974 aber wird zum Wendejahr im Leben des Bon Scott. Zunächst übersteht er einen schweren Motorradunfall, dann landet er bei jener ambitionierten jungen Band, die sich AC/DC nennt. Zunächst allerdings nicht als Sänger, sondern als Lastwagenfahrer. Angus Young: »Ein Verrückter! Als er uns das erste Mal fuhr, hatte er schon die halbe Strecke heruntergerast, als er mir erzählte, dass er wegen eines Motoradunfalls gerade aus dem Krankenhaus entlassen worden sei!«

Mit ihm finden die Young-Brüder den definitiven Frontmann für ihren jenseits aller Moden in sich ruhenden Stampfrock. Und die Ehe des Sängers findet ihr Ende. Scott: »Als ich zu AC/DC kam, sagte meine Frau: ›Schreib doch mal einen Song über mich!‹ Ich schrieb ›She's Got Balls' – und sie ließ sich scheiden.« Als AC/DC mit HIGH VOLTAGE im Frühling 1975, zunächst nur in Australien, ihr LP-Debüt veröffentlichen, ist dies für Bon Scott der Beginn einer Schussfahrt,

Archetypischer Shouter: AC/DC-Frontmann Bon Scott on stage, »unterlaufen« vom kopflosen Rock 'n' Roll-Urviech Angus Young

die ihm die Erfüllung seiner Träume – Wein, Weib und Gesang im Übermaß – bringen und ihn zur Rocklegende machen wird. Und sie wird ihn umbringen.

Passend zur hemdsärmeligen Musik seiner Band ist Scott bekennender Trinker. Während einer US-Tour im Jahr 1978 erzählt er einem Reporter: »Es hält dich fit – Alkohol, Groupies, Schweiß auf der Bühne, schlechtes Essen, all das ist sehr gut für dich!« Selten hat ein Musiker das Evangelium des proletarischen Rock-Lifestyle unverblümter definiert. Gelebt hat er es mit derselben Geradlinigkeit, Angus Young sagte über ihn: »Ich sah ihn einmal drei Flaschen Bourbon direkt hintereinander trinken.« Wer je bei einer Rock 'n' Roll-Tournee dabei war, weiß, dass dort Alkohol in Strömen fließt. Und AC/DC sind von nun an praktisch ununterbrochen auf Tournee. Im Winter 1980 hält sich die Band, der im Vorjahr mit »Highway To Hell« ein erster Tophit in den USA gelingt, zu Plattenaufnahmen in London auf. Scott geht es da längst schon nicht mehr gut. Er kämpft mit den Folgen seiner Trinkerei, neben einer Leberzirrhose sind das inzwischen auch immer stärker werdende Depressionen. Als er am 18. Februar 1980 mit Alistair Kinnear um die Häuser zieht, ahnt er dennoch nicht, dass dies seine letzte Sauftour ist.

67 Overhill Road, Dulwich, London: Hier endete Bon Scotts letzte Sauftour.

Fast vier Jahrzehnte ist das nun her, und AC/DC sind noch immer eine der umsatzstärksten Institutionen im Rockgeschäft. Betrachtet man die Figur des Bon Scott aus dem Abstand der Zeit, fällt auf: Das Bild des Menschen ist seltsam blass geblieben, das der Rock-Ikone indes scheint von Jahr zu Jahr imposanter zu werden. Tatsächlich wird Scott als archetypische Stimme der klassischen Rock-Ära verehrt – so simpel, einfach und wirkungsvoll wie die Gitarrenriffs seines genialischen Bandkollegen Malcolm Young. Neben einigen großartigen Songs aber besteht sein Vermächtnis vor allem in seinem Status als Gottvater des ultimativen Rock 'n' Roll-Hedonismus. Angus Young: »Ich hab von ihm gelernt, worauf es ankommt: Geh da raus und sei ein großes Kind!«

Dass sich das große Kind Bon Scott schlicht totgesoffen und diesem Hedonismus damit auf die banalste Weise zum Opfer gefallen ist, wollen seit damals viele offenbar nicht wahrhaben. Anders sind die hartnäckigen Spekulationen und mitunter absurden Verschwörungstheorien kaum zu erklären, die in diesem Fall immer mal wieder durch Presse, Bücher und einschlägige Fanforen geistern. Dabei war es doch ganz einfach: Sie waren unterwegs auf dem Highway zur Hölle.

18. Mai 1980
Tod im Reihenhaus

*Die Katastrophe hatte sich angekündigt – aufzuhalten war sie nicht: Nur einen Tag vor dem Start seiner ersten US-Tournee, am 18. Mai 1980, erhängte sich **Ian Curtis**, Sänger der aufstrebenden englischen Band Joy Division, in der Küche seines Hauses.*

Das Haus riecht seltsam frisch. Kein Zigarettendunst wie sonst. Sie schließt die Haustür. Ihr Blick fällt auf den Zettel auf dem Kaminsims, ihr Herz macht einen Sprung. Er hat an sie gedacht, eine Nachricht hinterlassen. Vielleicht wird doch noch alles gut werden. Am Abend zuvor hatten sie gestritten. Sie sprach von Scheidung, er beteuerte, das mit der Anderen zu beenden. Nun ist er wohl doch aufgebrochen, um mit den Jungs nach Amerika zu fliegen. Stille. Dass er noch im Haus ist, oben in der Küche, kann sie nicht ahnen. Sie steigt die Treppe hinauf. Es ist der Morgen des 18. Mai 1980, als Deborah Curtis ihr kleines Reihenhaus auf der Barton Street in Macclesfield, Cheshire, betritt und wenig später ihren Ehemann Ian, Sänger bei Joy Division, erhängt in der Küche findet. Und es ist das Ende einer Geschichte, die sich nur in düsteren Schwarz-weiß-Tönen erzählen lässt.

Manchester Mitte der 1970er Jahre. Die Metropole im Norden Englands, zu Beginn der Industrialisierung ein europäisches Zentrum der heraufdämmernden Moderne, ist nun nichts weiter mehr als postindustrielles Endzeitgelände. Nirgendwo offenbart sich Großbritanniens wirtschaftliche Depression schonungsloser: heruntergekommene Mietskasernen, vermüllte Industriebrachen, Autowracks in der vom ewigen Regen brüchigen Asphaltwüste. Wohl mehr noch als in London muss der Punk hier auf fruchtbaren Boden fallen. Die ersten Auftritte der Sex Pistols, The Clash und The Damned werden 1976 zur Initialzündung für eine Szene, die Manchester zum Hotspot der Popkultur machen wird. Ian Curtis ist einer der zornigen jungen Männer, die dafür sorgen werden, neben Gitarrist Bernard Sumner und Bassist Peter Hook.

Geboren wird Ian Curtis am 15. Juli 1956. Ein hagerer Junge mit kurzgeschorenen Haaren, kantigem Kinn, sinnlichen Lippen und eindringlichem Blick aus tiefgrauen Augenhöhlen. Sein Start ins Le-

»Love will tear us apart«: Auf der Bühne taumelte Ian Curtis am Abgrund.

ben verläuft vielversprechend. In der Schule wird er mehrfach ausgezeichnet, lebhaft interessiert er sich für die schönen Künste. Er schreibt Gedichte, verehrt Jim Morrison und David Bowie und schafft es ohne Schwierigkeiten, in das berühmte St. John's College aufgenommen zu werden, wo er mit 16 ein Studium der Geschichte und Theologie beginnt. Bald schon aber steigt er aus, das akademische Leben widert ihn an. Erste Experimente mit Drogen folgen, auf seine Jacke malt er vier Buchstaben: H-A-T-E. Er jobbt, zunächst in einem Plattenladen, später dann kümmert er sich in einer staatlichen Einrichtung um Menschen mit Behinderung. 1975 heiratet er seine Jugendliebe Deborah (nach deren Erinnerungsbuch Anton Corbijn später seinen preisgekrönten Spielfilm *Control* über Curtis drehte), da ist er keine 20.

Ein Jahr später, es ist der 4. Juni, steht er in der Free Trade Hall von Manchester und erlebt, wie die Sex Pistols den Mythos des etablierten Rock pulverisieren. Rüpelharte Gitarren, scheppernde Drums, donnernder Bass und das wütende Keifen dieses dürren Kerls mit den roten Haaren – Johnny Rotten legt dort die Saat. Zu den Bekehrten gehören einige, die an diesem Abend im Publikum stehen. Neben Curtis sind das Howard Devoto (Magazine), Pete Shelley (Buzzcocks), Morrissey (The Smiths) und Mark E. Smith (The Fall).

Curtis stößt in der Free Trade Hall auch auf Sumner und Hook, und bald bilden sie eine der vielen neuen Bands in der Stadt. Sie nennen sich nach einem Bowie-Song Warzaw. Im Herbst 1977 kommt mit Stephen Morris endlich der passende Drummer hinzu. Allmählich finden sie ihren Sound, und ab Januar 1978 treten sie unter dem neuen Namen Joy Division auf. Die Band erweitert ihr Revier. Erste Kontakte zur Branche, erste Presseberichte. Kult-DJ John Peel lädt sie zu seiner *Peel Session* auf BBC 1 ein. Zu Beginn des Jahres 1979 unterzeichnet die Band beim Manchester-Label Factory Records einen Plattenvertrag. Mit dem Produzenten Martin Hannett geht es im April ins Studio. Das Ergebnis, UNKNOWN PLEASURES, veröffentlicht im Juni '79, macht Joy Division aus dem Stand zu einer der wichtigsten und einflussreichsten UK-Bands überhaupt. Ihr düsterer, mit geisterhaften Soundeffekten versehener Punk ignoriert die Genregrenzen und erweist sich als passgenaues Vehikel für Curtis' dunkle Bassbaritonstimme und seine Lyrics, die Throbbing-Gristle-Legende Genesis P-Orridge einmal als »postindustriellen Albtraum« beschreiben wird.

Die eindimensionale Perspektive des Punk, die sich in einem herzhaften »Fuck you!« erschöpft, dreht Curtis um – er singt »I'm fucked!« und schenkt seiner Generation damit Möglichkeiten zur Identifikation und Reflexion, die weit über bloßen Zorn hinausgehen. Joy Division werden so zur Protoband der New-Wave- und Post-Punkszene der 1980er Jahre, ihr Frontmann zur Galionsfigur. Auf der Bühne lässt er die Arme wie entfesselt um den dürren Körper schlenkern, dazu stampfen die Beine unbeholfen auf der Stelle. Sein Tanz ist so beängstigend wie faszinierend. Niemand kann sich seiner Aura entziehen, und jeder sieht, dass dieser Junge am Abgrund taumelt.

Und die Balance ist ständig gefährdet. Auf der Heimfahrt von einem Konzert erleidet Curtis einen Anfall. Wenig später erfolgt die Diagnose Epilepsie. Der Arzt verschreibt einen Medikamentencocktail, mit der Folge extremer Stimmungsschwankungen, Depressionen und euphorischer Schübe. Dazu kommt ein privates Dilemma. Curtis, gerade erst Vater geworden, beginnt eine intensive Affäre mit der belgischen Journalistin und Szeneaktivistin Annik Honoré, einer herben Schönheit, die so anders ist als die biedere Deborah. Als die

Post-Punk-Pioniere Joy Division: Ian Curtis, Bernard Sumner, Stephen Morris, Peter Hook (v. l.)

Band im Winter 1980 durch Europa tourt, entdeckt die Ehefrau die Nebenbuhlerin und reicht die Scheidung ein. Curtis ist am Boden zerstört. Und er hat Angst, Angst vor der anstehenden US-Tournee, Angst vor dem Rampenlicht und einem Publikum, das ihn wegen seiner Anfälle, die ihn längst auch auf der Bühne ereilen, verspotten könnte. Dazu kommt Flugangst. Starten soll die Tour am 19. Mai.

Am Morgen des Vortags betritt Deborah nach einer Nacht bei ihren Eltern das Haus in der Barton Street. Ian kniet in der Küche, seine Hände ruhen auf der Waschmaschine. Die Wäscheleine, die um seinen Hals liegt, sieht sie zunächst nicht. Aber dann. Bernard Sumner wird später berichten, dass Curtis in der Nacht zuvor Iggy Pops THE IDIOT gehört und Werner Herzogs Film *Strozsek* gesehen haben soll – die Geschichte eines gerade aus dem Gefängnis entlassenen Straßensängers, der sein Glück mit einer Prostituierten sucht.

Auf dem Grabstein des Friedhofs von Macclesfield finden sich neben Ian Curtis' Namen und dem Todesdatum die Worte, die dem einzigen Hit von Joy Divison ihren Titel gaben: »Love Will Tear Us Apart«. In einem Interview bemerkte Sumner 2015: »Sonderbar, dass wir erst nach Ians Tod auf seine Lyrics gehört haben – erst da wurde uns seine innere Zerrissenheit klar.« Stephen Morris ergänzte: »Wie konnten wir so verdammt blöd sein?«

8. Dezember 1980
Erdbeerfelder

*Es zählt zu berühmtesten Adressen New Yorks: das Dakota Building, Schauplatz des Mordes an **John Lennon**. Das Attentat war nicht die einzige Tragödie in der Geschichte des Hauses, das einst auch Leonard Bernstein, Rudolf Nurejew und Lauren Bacall beherbergte.*

Es ist exakt 22:48 Uhr an diesem Montagabend in New York: Eine schwere Limousine rollt vor das Portal des Gebäudes 1 West 72nd Street, Manhattan. Sie fährt nicht wie sonst in den Innenhof des Dakota Building, sondern bleibt draußen auf der Straße stehen. Die Tür-

John Lennon mit Yoko Ono, wenige Wochen vor seinem Tod

8. Dezember 1980, etwa 17 Uhr: Vor dem Dakota Building signiert der arglose John Lennon ein Album für seinen späteren Mörder Mark Chapman ...

schläge werden geöffnet, und John Lennon und Yoko Ono steigen aus. Sie wollen die paar Schritte ins Gebäude zu Fuß zurücklegen. Lennon trägt Audiokassetten mit Aufnahmen eines neues Songs mit dem Titel »Walking On Thin Ice« bei sich, die er wenige Minuten zuvor im Record Plant Studio hat abmischen lassen. Die Stimmung ist entspannt,

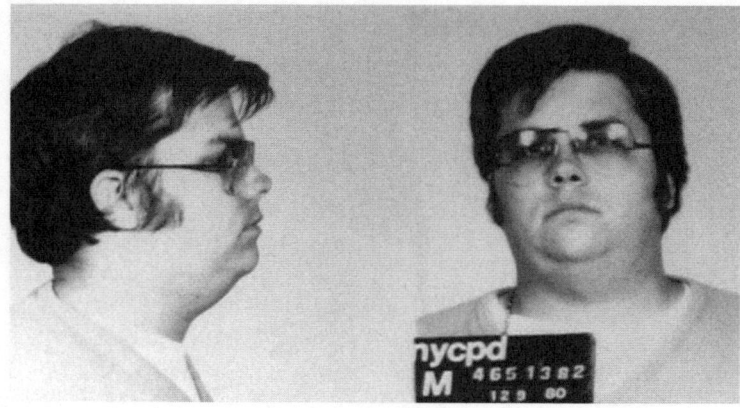

... keine 24 Stunden später ist Lennon tot und Chapman in Polizeigewahrsam.

David Geffen, Chef von Geffen Records, war ins Studio gekommen und hatte verkündet, dass Lennons erst kurz zuvor veröffentlichtes Comebackalbum DOUBLE FANTASY bereits Gold-Status erreicht hat. Als das Paar den Eingangstorbogen des Dakota erreicht, taucht aus dem Dunkel ein 25-jähriger Mann namens Mark Chapman auf. Er richtet einen .38 Special-Revolver auf den Beatle und feuert aus wenigen Metern Entfernung fünf Mal. Vier Kugeln treffen Lennon in Rücken und Schulter. Der stürzt zu Boden. Augenblicke später alarmiert der Portier John Hastings die Polizei, deckt den in einer Blutlache liegenden Popstar mit seiner Jacke zu und nimmt ihm vorsichtig die Brille ab. Zwei Minuten danach ist der erste Streifenwagen vor Ort, kurz darauf ein zweiter. Angesichts der schweren Verletzungen entscheiden die Polizisten, nicht auf den Krankenwagen zu warten und den Musiker stattdessen unverzüglich auf dem Rücksitz ihres Wagens zum nahe gelegenen Roosevelt Hospital Center zu bringen. Dort wird John Lennon an diesem 8. Dezember 1980 um 23:07 Uhr für »dead on arrival« erklärt.

Die Nachricht verbreitet sich in Windeseile, die Welt steht unter Schock. Noch in der Nacht versammeln sich Hunderte Fans vor dem Dakota, halten Mahnwachen und singen Lennons Songs. Gegenüber der mit Bögen, Erkern, Balkonen und reichlich Schmuckelementen verzierten Fassade des Dakota, an einer Wegkreuzung des Central Parks, lässt Yoko Ono wenig später zum Gedenken an John das »Strawberry Field« (benannt nach Lennons Beatles-Song »Strawberry Fields Forever«) anlegen, dazu ein in den Boden eingelassenes Mosaik mit der Inschrift »Imagine« – bis heute ein vielbesuchter Wallfahrtsort für Beatles-Fans aller Herren Länder.

Das Dakota Building wird durch das Attentat über Nacht zur berühmtesten Nobelherberge der Welt. Es ist da längst schon ein Haus mit bewegter Geschichte. Bleibenden Eindruck hinterließ der Prachtbau bereits kurz nach seiner Fertigstellung im Jahr 1884. Etwa bei Pjotr Iljitsch Tschaikowski, dem russischen Komponisten. Bei einem Besuch im Dakota im Jahre 1891, wo ihn seine Gönner, der Musikverleger Gustave Schirmer und Theodor Steinway, Chef der berühmten Flügel-Fabrik, empfingen, glaubte der allen Ernstes, dass es sich beim vis-à-vis beginnenden Central Park um den Garten seines Gastgebers handele. Tschaikowski soll seinen Verdacht mit der sarkastischen Bemerkung kommentiert haben: »Kein Wunder, dass wir Komponisten so arm sind ...«

»Imagine«: Zum Gedenken an ihren Mann ließ Yoko Ono im Central Park, direkt gegenüber vom Dakota Building, das »Strawberry Field« anlegen.

Dies traf seit Tschaikowskis Tagen längst nicht auf alle Musikschaffenden zu. Und so gehörten in den folgenden Jahren auch einige zu Geld gekommene Tonkünstler zu den Bewohnern des Dakota. Dabei war ein Apartment gegen Ende des 19. Jahrhunderts durchaus keine erstrebenswerte Unterkunft, jedenfalls nicht in den Augen wohlhabender Immobilienkäufer. Lieber ließ man sich zu dieser Zeit ein möglichst repräsentatives eigenes Haus bauen. Das Konzept, das sich Bauherr Edward Clark, Inhaber der Nähmaschinen-Konzerns Singer, ausgedacht hatte, als er den Bau des Dakota 1880 in Auftrag gab, war deshalb ungewöhnlich und neu. Das in großzügigen Dimensionen entworfene Gebäude sollte jede Menge Luxuswohnungen beherbergen. Clarks Grundstück lag weit außerhalb der damals bebauten Stadt, nördlich des Zentrums von Manhattan, an der heutigen Westseite des Central Park. Einen Zeitgenossen veranlasste die Lage des vorgesehenen Bauplatzes seinerzeit zu der scherzhaften Bemerkung, das Anwesen befände sich bereits im Stammesgebiet der Dakota-Indianer – so kam das Dakota Building zu seinem Namen und zu seinem Wahrzeichen, der über dem Haupteingang angebrachten Steinplastik eines Indianerkopfes.

Als das zehnstöckige Gebäude, das rund um einen großzügigen Atriumhof errichtet wurde, 1884 fertiggestellt worden war, fand sich jedoch schnell zahlungskräftige Kundschaft. Die ursprünglich 65 Wohnungen waren rasch verkauft. Nach dem Zweiten Weltkrieg wurde das bis dahin mit einem Dachgarten und einem Spielplatz für Kinder versehene zehnte Geschoss umgebaut. Dort finden sich seitdem ebenso wie in den beiden darunterliegenden Stockwerken Wohnungen, die zunächst dem Dienstpersonal vorbehalten waren. So verfügt das Dakota über 103 Suiten, die nun auch verstärkt von Hollywoodstars bezogen wurden. Darunter Frankenstein-Legende Boris Karloff, *Wizard of Oz*-Star Judy Garland sowie Humphrey-Bogart-Witwe Lauren Bacall, die dort bis zu ihrem Tod am 12. August 2014 residierte. Aber auch Künstler wie Charles Henri Ford, Sting, Roberta Flack und der russische Tänzer Rudolf Nurejew gehörten zu den Bewohnern. Interessant ist die Liste der Promis, die vom Verwaltungsrat des Hauses als Mieter abgelehnt wurden. Zu ihnen sollen die Schauspieler Melanie Griffiths und Antonio Banderas sowie KISS-Kopf Gene Simmons, Cher, Madonna und die Singer/Songwriter

Nobelherberge im Zeichen des Indianers: das Dakota Building in New York

Billy Joel und Carly Simon zählen. Der wohl prominenteste Musiker, John Lennon, hatte sich 1973 in der Nobelherberge niedergelassen.

Der Mord an Lennon war nicht das erste Verbrechen, das sich im Dakota abspielte. Bereits zwei Jahre zuvor hatte der Oscar-Gewinner und Waffensammler Gig Young (*They shoot horses, don't they?*, 1969) in seinem Apartment seine deutschstämmige Ehefrau Kim Schmidt, die er erst drei Wochen zuvor geheiratet hatte, erschossen und dann sich selbst gerichtet. Das Motiv konnte nie geklärt werden, Youngs schwere Alkoholabhängigkeit aber soll bei einem vorausgegangenen Streit eine Rolle gespielt haben.

Auch in Literatur und Film ist das Dakota gelegentlich aufgetaucht. So drehte der US-Regisseur Roman Polanski 1968 Teile seines Thrillers *Rosemary's Baby* dort, und der Schriftsteller Jack Finney machte das Anwesen zum Schauplatz seines 1970 erschienenen Romans *Time and Again* (*Das andere Ufer der Zeit*). Cameron Crowe drehte 2001 für *Vanilla Sky* dort Außenaufnahmen, durfte allerdings nicht ins Gebäude hinein – sein Filmteam musste die im Haus spielenden Szenen in einem Studio drehen, da Innenaufnahmen seit *Rosemary's Baby* nicht mehr zugelassen werden. Das Südportal des Hauses, wo Lennon starb, ist auch in dem englischen Kinofilm *The Killing of John Lennon* (2006, Regie: Andrew Piddington) zu sehen. Das Biodrama befasst sich vornehmlich mit der Figur des Attentäters Mark Chapman, der 1981 zu lebenslänglicher Haft verurteilt wurde und bis heute einsitzt – sämtliche Gnadengesuche wurden abgelehnt.

19. März 1982
Ozzys Knappe

*Am 19. März 1982 verlor die Rockwelt eines ihrer wohl größten Talente: Bei einer Spritztour mit einem Sportflugzeug verunglückte **Randy Rhoads** tödlich – der Gitarrist galt als Wunderkind der Szene und war gerade mit Ozzy Osbourne auf US-Tournee.*

Es ist ein böses Erwachen: Eben noch hat Ozzy Osbourne (damals 33) friedlich in der Koje seines Tourbusses gelegen und geschlafen. Plötzlich, es ist etwa zehn Uhr am Morgen, gibt es einen fürchterlichen Schlag, und das riesige Gefährt schaukelt bedenklich. Sekunden später, der Sänger kommt gerade erst zu sich, folgt ein infernalischer Lärm. Dann Stille. Im ersten Moment vermuten Osbourne und seine Verlobte Sharon Arden (damals 29), dass der Bus in einen Unfall geraten ist. Aber der Fahrersitz ist leer, der Motor aus, und der Bus steht, wie Osbourne feststellt, auf einem Parkplatz.

Zunächst weiß niemand, was geschehen ist. Ob Osbourne die schreckliche Wahrheit wenig später selbst entdeckt oder ob er sie von Don Airey (damals 33), dem Keyboarder seiner Band, der die Katastrophe mit eigenen Augen gesehen hat, erfährt, ist nicht überliefert. Was indes alle sehen können: Ein Haus auf dem parkähnlichen Anwesen brennt lichterloh, und in den qualmenden Trümmern sind die Reste eines Sportflugzeugs auszumachen. Woher es gekommen ist und wer darin gesessen hat, bleibt zunächst unklar.

Am Abend zuvor noch, es war am Donnerstag, dem 18. März 1982 gewesen, hat die Osbourne Band im Knoxville Civic Coliseum gastiert. Anschließend war der Tross nach Orlando, Florida, aufgebrochen, wo tags darauf die 46. Show der »Diary of a Madman«-US-Tour steigen soll. Kurz vor Orlando, nach einer nächtlichen Fahrt von mehr als 600 Meilen, hat Fahrer Andrew Aycock (damals 36) in seiner Heimatstadt Leesburg angehalten und den dortigen Flying Baron Airport angesteuert, einen privaten Flugplatz in Besitz des Countrysängers Jerry Calhoun. Aycock, der dort gelegentlich jobbt, will in der Werkstatt ein defektes Teil der Busklimaanlage austauschen lassen.

Die Wartezeit nutzt er, um ein paar Runden mit einem der dort herumstehenden Sportflugzeuge zu drehen. Ohne sich eine Erlaubnis einzuholen, klettert Hobbypilot Aycock in eine Beechcraft Bonanza, Baujahr 1955 (derselbe Flugzeugtyp, in dem auch Buddy Holly 23 Jahre zuvor starb). Mit an Bord gehen Airey und Tourmanager Jake Duncan. Nach einigen Minuten landet Aycock die kleine Maschine wieder sicher auf dem Anwesen. Anschließend nimmt er Rachel Youngblood, die 58-jährige Hair-Stylistin der Band, und den 25-jährigen Gitarristen Randy Rhoads mit zu einer weiteren Spritztour. Rhoads muss dazu überredet werden, denn er leidet unter notorischer Flugangst.

Wie die Ermittlungen ergeben werden, hat Aycock offenbar die noch im Tourbus schlafenden Bandmitglieder wecken wollen, weshalb er ein paar Mal im Tiefflug so knapp wie möglich über den parkenden Nightliner hinweggeflogen ist. Drei Mal hat er es bereits getan, beim vierten Versuch allerdings verschätzt er sich und streift mit seiner Maschine das Dach des Busses. Daraufhin bricht der Flügel, das Flugzeug gerät außer Kontrolle und kracht in eine Garage, die an ein nahestehendes Haus angrenzt. Alle drei Insassen sind auf der Stelle tot.

Randy Rhoads war ein zierlicher Bursche, für den es seit Kindesbeinen nichts als die Musik gegeben hatte. Geboren am Nikolaustag 1956, war er als jüngstes von drei Kindern im kalifornischen Santa Monica aufgewachsen. Beide Eltern waren Musiklehrer, Randys Mutter betrieb eine eigene Musikschule. Bereits mit sieben Jahren hatte der Junge klassischen Gitarrenunterricht erhalten, dazu brachte ihm die Mutter das Klavierspiel bei. Als Teenager spielte Randy in ersten Bands, und schon als 16-Jähriger gab er selbst Gitarrenunterricht an der Schule seiner Mutter: jede halbe Stunde ein neuer Schüler, jede halbe Stunde etwas Neues zu lernen. Nachdem er 1971 ein Konzert von Alice Cooper gesehen hatte, gründete Rhoads mit einem Kumpel eine Gruppe, aus der später Quiet Riot werden sollte. 1976 erhielt die Band einen Plattenvertrag, die beiden 1977 und 1978 aufgenommenen Alben wurden jedoch, trotz der respektablen Quiet-Riot-Fanbase im Großraum Los Angeles, seltsamerweise nur in Japan veröffentlicht. Quiet Riot blieben praktisch unbekannt, konnten keinen Plattendeal für die USA an Land ziehen und schafften erst 1983 den Durchbruch.

Im Spätsommer 1979 hielt sich der bei Black Sabbath gefeuerte Ozzy Osbourne in Los Angeles auf, um eine neue Band zusammenzustellen. Am letzten Abend vor der geplanten Rückkehr nach London,

Wizard of Oz: In seiner kurzen Laufbahn erneuerte Ozzys Axeman Randy Rhoads das Gitarrenspiel im Metal-Genre.

Sein größter Fan: Ozzy Osbourne bestaunt Randy Rhoads' atemberaubende Spieltechnik.

kurz vor Mitternacht, erschien Randy Rhoads, der sich bei Quiet Riot verabschiedet hatte, in Osbournes Hotelsuite, um für den Job als Gitarrist vorzuspielen. Der einigermaßen betrunkene Brite hörte, so die Legende, nicht wirklich zu. Dennoch verpflichtete er Rhoads schon, als sich der schmächtige Junge mit seiner Les Paul und einem kleinen Übungsamp gerade erst warmzuspielen begann.

Es war der Beginn einer innigen Freundschaft und einer engen Zusammenarbeit, die Osbournes Solokarriere mit zwei Meisterwerken auf den Weg brachte: THE BLIZZARD OF OZ (1980) und DIARY OF A MADMAN (1981) etablierten den Sänger als einen der Großen im harten Rockgeschäft. Bei Osbourne entwickelte Rhoads sein einzigartiges Spiel, in dem er Metal und Klassik auf hohem Niveau und ohne Effekthascherei verwob.

Bald schon zählte Rhoads zu den angesagtesten Saitenzauberern der Szene. 1981 wurde er vom Fachmagazin *Guitar Player* als bestes neues Talent ausgezeichnet. Er war jetzt ein Rockstar – wenn auch kein gewöhnlicher: Statt sich mit Drogen, Sex und den sonstigen Insignien des Poprums zu vergnügen, suchte Rhoads sogar in fremden Städten, wo die Band gastierte, ortsansässige Lehrer auf, um Neues zu lernen. Zudem, so ist verbürgt, wollte er in Europa Klassische Gitarre studieren. Wie Rhoads-Biograph Jael McIver berichtet, soll Osbourne ihn fassungslos vor Wut und Enttäuschung ins Gesicht geschlagen haben, als Rhoads ihm von seinen Plänen jenseits des Rock-Zirkus erzählte.

Der 19. März 1982 beendet diese Träume jäh. Wie nach dem Unfall bekannt wird, verfügt Pilot Aycock zwar über einen Flugschein, das Papier ist jedoch ungültig, da ein notwendiger Gesundheitsnachweis nicht rechtzeitig verlängert worden ist. Überdies ergibt die Obduktion seiner Leiche, dass er zum Todeszeitpunkt unter Kokain-Einfluss gestanden hat. In Rhoads' Körper hingegen kann lediglich Nikotin nachgewiesen werden. Der Leichnam des Ausnahmegitarristen ist nur noch anhand des Gebisses und seines persönlichen Schmucks zu identifizieren. Sharon Osbourne erinnert sich in ihrer Autobiographie: »Es hatte sie alle zerrissen, überall lagen Körperteile herum.«

Bis zum Abschluss der amtlichen Untersuchungen zwei Tage später müssen Band und Crew noch in Leesburg bleiben. Osbourne geht anschließend nach Los Angeles und fällt, wie er später zu Protokoll gibt, in eine tiefe Depression: »Randy war mein verdammtes Leben, mein Blut, meine Energie. Diese Trauer werde ich immer mit mir herumtragen. Es wiegt schwer, wenn jemand gegangen ist, den man liebt. Gott segne Randy Rhoads!«

1. April 1984
Der Soul-Prinz

Hits wie »I Heard It Through The Grapevine« und »What's Going On« machten **Marvin Gaye** *zum Superstar, und seine Alben zählen zum heiligen Gral des modernen Soul. Umso tragischer sein Tod am 1. April 1984 – durch die Hand des eigenen Vaters...*

1,85 Meter groß, ebenmäßige Züge, strahlendes Lächeln und ein samtweicher Soultenor – Marvin Gaye musste einfach zum Star werden. Er selbst wusste das, Berry Gordy Jr., Chef von Motown-Records, wusste das, und erst recht wussten es die Millionen von Fans, die in den 1960/70er Jahren seine Platten kauften. Dabei lauerten hinter der Fassade des Mannes, den sie »Prince of Motown« nannten, von Anfang an düsterste Abgründe. Sie waren die Hinterlassenschaft einer traumatischen Kindheit und zerrütteter Familienbeziehungen, und sie führten zu einer der größten Tragödien in der Popmusik.

Die Geschichte beginnt in einer Sozialsiedlung im südwestlichen Teil von Washington, DC. Geboren wird Marvin Pentz Gay Jr. dort am 2. April 1939 als zweites von vier Kindern des »House of God«-Predigers Marvin Gay Sr. und seiner Frau Alberta. Der Vater führt ein strenges Regiment, regelmäßig verprügelt er seine Kinder wegen kleinster Verfehlungen. Marvin Jr. wird das später so beschreiben: »Es war ein Leben mit einem König, einem sehr eigenbrötlerischen, unberechenbaren, grausamen und allmächtigen König.« Mehr als einmal wirft dieser König seinen Zweitgeborenen im Laufe der Jahre aus dem Haus. Und wäre da nicht der Trost der Mutter, der Junge hätte sich, so hat er einmal gesagt, schon damals umgebracht.

Als Vierjähriger singt Marvin zum ersten Mal in der Kirche seines Vaters, und mit elf versucht er sich bei einer Schulaufführung an Mario Lanzas »Be My Love«. Längst ist ihm das Singen wichtiger als die Schule. Mit 17 dann nutzt er die erstbeste Gelegenheit, dem Horrorhaus seiner Eltern zu entfliehen, und geht zur Air Force. Dort jedoch kommt er mit der Forderung nach absolutem Gehorsam nicht zurecht, täuscht eine psychische Krankheit vor und wird bald entlassen. Seine Karriere als Sänger aber nimmt nun professionelle Formen an. Zunächst arbeitet er für Altstar Bo Diddley, bald folgt ein erster Plat-

Montreux, 1980: Auf dem dortigen Jazz Festival zelebriert Marvin Gaye mit »I Heard It Through The Grapevine« einen seiner bekanntesten Klassiker.

tenvertrag bei Okeh Records für seine Gesangsgruppe The Marquees, dann singt er als Backgroundsänger auf Chuck Berrys »Back In The U. S. A.«, und 1960 schließlich landet der 20-Jährige in Detroit, wo er bald schon Motown-Boss Gordy auffällt.

Der Rest ist Hitgeschichte: Zunächst noch jobbt Gay als Sessiondrummer für andere, ab 1962 aber steigt er mit Songs wie »Stubborn Kind Of Fellow«, »Hitch Hike« und »How Sweet It Is (To Be Loved By You)« in die Starriege des Erfolgslabels auf. Inzwischen hat er ein »e« an seinen Nachnamen gehängt. Millionenseller wie »I'll Be Doggone« und »Ain't That Peculiar« festigen seinen Ruf, und 1967 startet er gemeinsam mit Tammi Terrell eine Duettserie. Schon der Auftakt, »Ain't No Mountain High Enough«, wird zum Monsterhit. Dann der Schock: Im Oktober bricht Terrell in den Armen ihres Partners auf offener Bühne zusammen, kurz darauf wird ein Hirntumor diagnostiziert.

Als Solist feiert Gaye im Herbst 1968 mit »I Heard It Through The Grapevine« seine erste Nummer eins in den amerikanischen Charts. Es scheint, dass er nichts falsch machen kann. Als Tammy Terrell aber nach mehreren Operationen am 16. März 1970 stirbt, stürzt das den ohnehin labilen Sänger in tiefe Depressionen. Sein Verhältnis zum patriarchalischen Motown-Chef ist eh schon gespannt, nun fordert er größere Freiheiten für seine Musik. Gaye will nicht länger der strahlende Schnulzenheld sein, sondern sich stattdessen auf seinen Platten mit Themen wie der Rassendiskriminierung und dem Vietnamkrieg beschäftigen. Gordy weigert sich, die neue Single »What's Going On« zu veröffentlichen. Wegen ihres Textes – der Song setzt sich kritisch mit den Ereignissen des sogenannten »Bloody Thursday« auseinander, als die Polizei am 15. Mai 1969 eine Anti-Vietnamkriegs-Demonstration in Berkeley, Kalifornien, gewaltsam sprengte – erscheint sie ihm als kommerziell wenig aussichtsreich. Schließlich lenkt Gordy ein, und siehe da, die Platte klettert auf Platz eins, und das eilig nachgeschobene gleichnamige Album wird 1971 zum Opus Magnum und größten Erfolg in Gayes Karriere. Zwei Jahre später folgt mit LET'S GET IT ON ein weiterer Meilenstein.

Gayes Leben aber ist da längst aus den Fugen geraten. Seine Ehe mit der 17 Jahre älteren Anna geht endgültig in die Brüche. Während seine neue Freundin Janis im September 1974 ein erstes gemeinsames Kind zur Welt bringt, versinkt der Sänger in einer Spirale aus mani-

Tödliches Familiendrama: Marvin Gaye mit Vater Marvin Sr. und Mutter Alberta

scher Depression und schwerer Kokainabhängigkeit. Bereits 1969 hat er einen ersten Selbstmordversuch unternommen. 1977 folgt die Scheidung von Anna, aber auch die daraufhin geschlossene Ehe mit Janine scheitert nach turbulenten Jahren voller Streit und Drogenexzesse – 1981 wird sie ebenfalls geschieden. Inzwischen sind zudem 4,5 Millionen Dollar Steuerschulden aufgelaufen, und Gaye überwirft sich endgültig mit Motown. Er zieht die Notbremse, geht nach Hawaii und dann ins europäische Exil nach Ostende, Belgien. Nachdem er bei CBS einen neuen Vertrag unterschrieben hat, bereitet er dort sein Comeback vor. Am 30. September 1982 erscheint MIDNIGHT LOVE. Die Platte wird ein Triumph, vor allem dank der weltweiten Nr.-1-Single »Sexual Healing«. Der Sänger kassiert die beiden ersten Grammys, seine Kokainsucht scheint er endlich in den Griff bekommen zu haben. Er ist wieder da. Das jedenfalls glaubt die Welt – dabei hat das letzte Kapitel in seinem Leben schon begonnen.

Nach einer US-Tour, während der sich erste Anzeichen von Paranoia bemerkbar machen (so trägt er aus Angst vor Anschlägen außerhalb der Bühne grundsätzlich eine schusssichere Weste), zieht sich Gaye Ende 1983 zu seinen Eltern zurück. Sie leben inzwischen in Los Angeles in einem Haus, das ihr Sohn ihnen gekauft hat. Monatelang gärt nun der Dauerkonflikt zwischen Vater und Sohn. Überdies gerät Marvin immer mehr aus dem psychischen Gleichgewicht, längst nimmt er wieder Kokain. Wenn er das Haus überhaupt verlässt, dann zieht er drei Mäntel übereinander und die Schuhe an den jeweils falschen Fuß. Am 28. März unternimmt er einen Suizidversuch, springt aus einem fahrenden Sportwagen, kommt aber mit ein paar Schrammen davon.

In der Nacht zum 1. April schließlich entwickelt sich, wieder einmal, ein schlimmer Streit zwischen den Eltern. Marvin mischt sich ein, und scheinbar beruhigt sich die Situation. Am nächsten Tag aber eskaliert sie. Wieder kommt es zum lautstarken Wortwechsel. Und dann passiert es: In einem Anfall von Jähzorn verprügelt Marvin seinen Vater brutal. Dann geht er zurück in sein Zimmer. Der Vater rappelt sich auf und folgt ihm. Seelenruhig und wortlos richtet er – vor den Augen von Alberta – die Smith & Wesson .38 Special, die ihm Marvin zu Weihnachten geschenkt hat, auf den Sohn. Um 12:38 Uhr schießt er zweimal, die erste Kugel geht ins Herz, die zweite in die Schulter. Die Ärzte im California Hospital Medical Center können wenig später nur noch den Tod des Weltstars feststellen.

Nachdem sich herausgestellt hat, dass Marvin Gaye zum Todeszeitpunkt Drogen im Blut hatte und Gay Sr. bereits unter einem Hirntumor litt, wird der Vater wegen Totschlags zu sechs Jahren Gefängnis auf Bewährung verurteilt.

27. August 1990
Der Himmel weint

*In den 1980ern brachte **Stevie Ray Vaughan** den Blues zurück in die Pop-Charts und wurde zum wohl größten Gitarristen seit Jimi Hendrix. Sein Ende war so tragisch wie unerwartet: Am 27. August 1990 kam er bei einem Hubschrauberabsturz ums Leben.*

Es ist der 26. August 1990, und im Alpine Valley Music Theatre geht eine rauschende Sommerparty zu Ende. Eben noch haben hier in East Troy, Wisconsin, fünf Fürsten der elektrischen Gitarre auf der größten Freiluftbühne der USA gestanden: Eric Clapton, Robert Cray, Jimmie Vaughan, Buddy Guy und der Mann, den viele für den begabtesten Gitarristen seiner Generation halten – Stevie Ray Vaughan. Zum Konzertfinale haben sie alle zusammen eine kochende viertelstündige Lesung des Robert-Johnson-Klassikers »Sweet Home Chicago« zelebriert. Frenetischer Applaus. Als sich die Menge anschließend zerstreut, ahnt niemand etwas von der bevorstehenden Katastrophe.

Gerade erst 35 Jahre alt ist Stevie Ray Vaughan an jenem Tag. Hinter sich hat er Tiefen, die man seinem ärgsten Feind nicht wünschen würde, aber auch Triumphe, die all das auf einen Schlag vergessen ließen. Fast immer dabei war dieses ramponierte Stück Holz, Number One, Vaughans Fender Stratocaster, mit abgeblätterter Sunburst-Lackierung und rabenschwarzem Schlagbrett. Für die Rockfans dieser Welt ist das x-mal reparierte Instrument längst die unverwechselbare SRV-Gitarre. Nicht nur wegen ihrer einzigartigen Optik, sondern auch wegen des einzigartigen Tons, den ihr Besitzer aus ihr herauszukitzeln, zu schlagen, zu quälen und zu zwingen vermag. Gefunden haben sich die beiden 1973 in »Ray's Heart Of Texas Music Shop« in Austin. Als der 18-Jährige Number One kauft, steht er am Anfang einer Laufbahn, die ihn zum einflussreichsten Instrumentalisten seiner Zeit und zu einer der letzten großen Ikonen der Rock-Ära machen wird.

Begonnen hat seine Geschichte am 3. Oktober 1954 im Methodist Hospital der texanischen Ölmetropole Dallas. Seit der Junge denken kann, spielt Musik für ihn die Hauptrolle. Da ist die elterliche Plattensammlung, die Schätze von T-Bone Walker, Chuck Berry und Lightnin' Hopkins bereithält, da sind Konzertbesuche bei Fats Domino, Jimmy Reed und Western-Swing-Veteran Bob Wills, und da ist die Gitarre, die er bereits mit acht Jahren bekommt und auf der er nun rasch all das lernt, was sein drei Jahre älterer Bruder Jimmie bereits kann. Immer wieder spielen die Jungs ihre wenigen 45er-Schallplatten ab, um die Tricks der Großen zu entschlüsseln. Ihre Idole sind die Kings – B. B., Freddie, Albert – und Johnny »Guitar« Watson, bald darauf dann Beatles, Stones und Kinks.

Zum Ende der Sixties wird Stevie Ray allmählich flügge. 1970 ein Schlüsselerlebnis: Während er als Tellerwäscher in einem Burger-Restaurant ein paar Dollar Taschengeld verdient, fällt er bei Reinigungsarbeiten in ein Fass mit Fett. Bis zum Hals sitzt der 15-Jährige im Dreck, flucht und beschließt, sich nur noch um seine Musik zu kümmern. Ein Jahr später verlässt er die Highschool und folgt seinem geliebten Bruder nach Austin. Vor ihm liegen harte Lehr- und Wanderjahre. Ein ganzes Jahrzehnt lang wird er sich nun bei Hunderten Clubauftritten Routine erwerben, sein Repertoire erweitern und seinen ganz eigenen Stil ausarbeiten. Schon mit Anfang 20 glaubt er sich reif für den großen Ruhm und muss sich doch gedulden – sein Blues ist in Zeiten von Punk und Disco kaum gefragt. Erst als er 1980 in seiner Band das Mikrophon übernimmt und ihr den neuen Namen Double Trouble gibt, geht es vorwärts.

Bis zu den Rolling Stones spricht sich Stevies Ruf als exzellenter Bluesgitarrist herum, in New York lässt Mick Jagger ihn auf einer Party spielen. Von dort wird er ins schweizerische Montreux vermittelt, wo er 1982 als erster ungesignter Musiker beim renommierten Jazz Festival auftritt. Das Publikum bleibt reserviert, Vaughan dreht ihm den Rücken zu. Dennoch hat der Gig Folgen: Im Publikum steht auch David Bowie, der begeistert Jackson Browne herbeizitiert, damit der sich bei der Aftershow-Party von der Klasse des Texaners überzeugen kann. Nach durchspielter Nacht lädt Bowie Vaughan ein, die Gitarrenspuren für sein nächstes Album LET'S DANCE einzuspielen, und Browne bietet Double Trouble unbegrenzte Aufnahmezeit in seinem Downtown Studio in Los Angeles. Plötzlich geht alles wie von selbst: Der legendäre Talentscout John Hammond Sr., der schon Benny Goodman, Billie Holiday und Bob Dylan entdeckt hatte, besorgt ihm einen Plattenvertrag beim Columbia-Label, und Bowie landet mit den von Vaughan eingespielten Songs »Let's Dance« und

Erweckte den Blues zu neuem Leben und starb selbst viel zu früh: Stevie Ray Vaughan im El Mocambo Club, Toronto

»China Girl« Monsterhits. Statt nun, wie Bowie ihm anbietet, fest bei dessen Tourneeband anzuheuern, nutzt Vaughan die Chance, seinen Einstand als Plattenkünstler zu produzieren – lieber macht der texanische Sturkopf sein eigenes Ding, als dass er sich bei dem britischen Superstar in die zweite Reihe stellt. Im Sommer 1983 erscheint das Double-Trouble-Debüt TEXAS FLOOD – überraschend wird es zum Bestseller. Mit seinem kraftvollen, geschmeidigen Spiel, das mühelos die Grenzen zwischen Blues und Rock aufhebt, wird Vaughan praktisch über Nacht zum neuen Stern am Gitarristen-Firmament.

Es folgen die grandiosen Alben COULDN'T STAND THE WEATHER und SOUL TO SOUL, dazu eine Welttournee nach der anderen. Und der private Absturz: Whiskey und Kokain schädigen seine Magenwände und laugen den Musiker aus. Er verliert den Halt, seine Ehe geht in die Brüche, 1986 erfolgt dann während eines Konzerts in Ludwigshafen der Zusammenbruch auf offener Bühne. Notbremse, Entzugsklinik, Auszeit. Aber Vaughan kommt wieder. 1989 veröffentlicht er mit IN STEP sein Grammy-gekröntes Meisterwerk. Im Frühling 1990 nimmt er dann endlich auch das lange geplante gemeinsame Album mit Bruder Jimmie auf. Er ist jetzt 35 Jahre alt, ganz oben, erholt, treibt Sport, ernährt sich besser und sitzt endlich fest im Sattel: Nur der Himmel scheint die Grenze zu sein.

Dann kommt der 26. August. Nach dem Konzert wollen die Musiker und ihre Crews so schnell wie möglich zurück ins Hotel nach Chi-

Blindflug in den Tod: Der künstliche Hügel, an dem der Helikopter mit Vaughan an Bord zerschellte

cago. Drei Helikopter stehen bereit. In einem davon sind drei Plätze reserviert für Stevie Ray, Jimmie und dessen Frau Connie. Tatsächlich ist in der Maschine vom Typ Bell 206 B Jet Ranger jedoch nur noch ein Platz frei. Jimmie und Connie überlassen ihn Stevie. Es ist etwa ein Uhr in der Nacht, als der Hubschrauber abhebt. In einer flachen Kurve verschwindet er im dichten Nebel. Der ortsunkundige Pilot Jeff Brown weiß nicht, dass er die Maschine direkt in Richtung eines künstlich aufgeschütteten, etwa 100 Meter hohen Skihügels steuert. Es geschieht, was geschehen muss: Nach einem knappen Kilometer zerschellt der Hubschrauber wenige Meter unterhalb des Gipfels. Keiner der Insassen hat beim Aufprall auch nur den Hauch einer Chance, alle Passagiere sind auf der Stelle tot. Erst am nächsten Morgen werden die Trümmer gefunden. Mit Vaughan sterben Pilot Brown, Claptons Tourmanager Colin Smythe, der Booker Bobby Brooks sowie der Bodyguard Nigel Browne.

Bei der Trauerfeier am 31. August 1990 im Laurel Land Memorial Park in Oak Cliff, Dallas, erweisen Stevie neben Bruder Jimmie auch Stevie Wonder, Buddy Guy, Dr. John, Bonnie Raitt, Jackson Browne und Nile Rodgers die letzte Ehre. Im Herbst 1991 dann bringt Jimmie Vaughan ein Album mit unveröffentlichten Aufnahmen seines Bruders heraus. Die mit musikalischen Juwelen, darunter einer Version des Hendrix-Klassikers »Little Wing«, reich bestückte Platte trägt den Titel THE SKY IS CRYING. In der Tat.

24. November 1991
Chronik eines angekündigten Todes

Der Planet Pop stand unter Schock: Am Morgen des 25. November 1991 ging die Meldung vom Tod des charismatischen Queen-Sängers **Freddie Mercury** *um die Welt. Lange schon hatte es Gerüchte um eine AIDS-Erkrankung gegeben.*

Der Zeitpunkt ist gekommen – Freddie Mercury, gerade erst 45 Jahre alter Ausnahmesänger und Entertainer sowie vor allem Galionsfigur von Queen, einer der erfolgreichsten Rockbands der Welt, schickt sich in das Unvermeidliche. An einem Samstag, es ist der 23. November 1991, lässt er ein persönliches Statement öffentlich verkünden:

> Infolge vermehrter Spekulationen in der Presse während der letzten zwei Wochen möchte ich mitteilen, dass ich HIV-positiv getestet worden bin und AIDS habe. Ich habe es bislang für richtig gehalten, diese Information vertraulich zu behandeln, um so die Privatsphäre in meinem persönlichen Umfeld zu schützen. Nun aber ist der Moment für meine Freunde und Fans in aller Welt gekommen, die Wahrheit zu erfahren, und ich hoffe, dass ein jeder gemeinsam mit mir, meinen Ärzten und allen anderen in der Welt den Kampf gegen diese schreckliche Krankheit aufnehmen wird. Meine Privatsphäre hat mir immer sehr viel bedeutet, und ich bin bekannt dafür, kaum Interviews zu geben. Bitte haben Sie Verständnis dafür, dass ich diese Strategie beibehalten möchte.

Damit war klar: Freddie Mercury würde sterben – diese Pressemitteilung beseitigte die letzten Zweifel. Wohl jeder Beobachter wusste, dass der Queen-Sänger mit dem Schritt in die Öffentlichkeit die Flucht nach vorn angetreten hatte. Wie schlecht es um seine Gesundheit stand, hatte auch der optimistischste Fan nicht mehr übersehen können. Das Boulevardblatt *Sun* hatte genau ein Jahr zuvor ein aktuelles Foto des Stars veröffentlicht, das einen sichtlich abgemagerten und zerbrechlich wirkenden Queen-Sänger zeigte: Fast nichts mehr war übrig von dem vor Selbstbewusstsein schier platzenden Frontmann, den viele Fans von großartigen Videoclips, umjubelten Tourneen und nicht zuletzt seinem triumphalen Auftritt mit Queen beim

»Live Aid«-Konzert am 13. Juli 1985 in Erinnerung hatten. Als die Band dann im September 1991 das Video zu ihrer Single »The Days Of Our Lives« veröffentlichte, war es nicht mehr zu leugnen: Freddie Mercury war – trotz grandioser Gesangsleistung und aufwendiger Maske – nur noch ein Schatten seiner selbst. In den vorhergegangenen Clips aus dem Album INNUENDO, »I'm Going Slightly Mad« und »Headlong« (das Video zum Titeltrack war eine visuell verfremdete Collage mit zum Teil altem Filmmaterial), war das noch nicht wirklich aufgefallen. Da hatte Mercury noch vital und expressiv wie immer gewirkt, nun aber sah man einen blassen, dürren und schwächlichen Performer, der in der letzten Einstellung des Videos mit eindringlichem Blick und wie zum Abschied von seinem Publikum in die Kamera flüsterte: »I still love you!«

Bereits vom Tod gezeichnet: Queen-Sänger Freddie Mercury im Videoclip zu »These Are The Days Of Our Lives«

Seit AIDS 1981 offiziell als Krankheit klassifiziert und das HI-Virus zwei Jahre später zum ersten Mal isoliert worden war, hatte die Diagnose der Immunschwäche für den Patienten das unwiderrufliche Todesurteil bedeutet. Auch für Freddie Mercury, den Inbegriff des omnipotenten, kraftstrotzenden Rocksängers, gesegnet mit operntauglichem Tenor und einem Charisma, das ihn trotz seines eher scheuen Naturells und seines gewaltigen Überbisses zu einer der schillerndsten Gestalten des internationalen Showbusiness gemacht

Live-Legende: Freddie Mercury zählte zu den eindrucksvollsten Bühnenkünstlern des 20. Jahrhunderts.

hatte. Gerüchte um eine Erkrankung hatte es schon lange gegeben. Im Oktober 1986 hatte die englische Presse gemeldet, dass sich der Queen-Sänger einem HIV-Bluttest unterzogen habe, Mercury aber hatte das dementiert. Seinem Lebensgefährten Jim Hutton zufolge soll der Sänger ihn im Frühling 1987 über die Krankheit informiert haben. In der Öffentlichkeit jedoch stritt Mercury die Infektion immer ab. Lediglich seine Band unterrichtete er, ebenfalls laut Hutton, bereits 1989. Nachdem Mercury für die Promotion des 13. Queen-Albums THE MIRACLE im Frühling 1989 nicht zur Verfügung stand und die Band auch nicht wie sonst auf Tournee ging, verdichteten sich die Gerüchte. Und spätestens nach der Verleihung der Brit Awards Anfang 1990, wo Queen für ihr Werk geehrt wurden und Mercury bereits abgemagert erschienen war, wurde offen über eine AIDS-Erkrankung des Sängers spekuliert (der Kinofilm *Bohemian Rhapsody* von 2018 stellt die Abfolge der Geschehnisse aus dramaturgischen Gründen anders dar).

Zu Beginn der 1990er Jahre steckte die AIDS-Forschung in den Kinderschuhen und war noch weit davon entfernt, ein wirksames Mittel gegen den tödlichen Verlauf einer HIV-Infektion zu finden. Als erstes prominentes Opfer hatte die Krankheit 1985 das Leben des Schauspielers Rock Hudson gefordert. Erst wenige Wochen vor seinem Tod hatte der Hollywood-Star die Öffentlichkeit über seine Erkrankung informiert. Schnell hatte sich AIDS daraufhin in den Medien zu einem beherrschenden Thema entwickelt, das den Menschen zunehmend Angst bereitete, schließlich hatten sich die Zahlen der von einer Ansteckung Betroffenen in den 1980er Jahren auch in Europa zeitweise im Jahresrhythmus verdoppelt. Zwar war man zunächst der Meinung gewesen, dass die Epidemie auf die Homosexuellen- und die Drogenszene beschränkt bleiben würde, bald jedoch wurde klar, dass dies nicht der Fall war. Niemand, so schien es, konnte vor der im Volksmund auch gerne »Schwulenpest« genannten Krankheit sicher sein. Weitere prominente Todesfälle waren bis Anfang der 1990er Jahre gefolgt, darunter der Musiker Klaus Nomi, der Künstler Keith Haring sowie die Deutschen Klaus Schwarzkopf (Schauspieler) und Michael Westphal (Tennissportler). Ballett-Superstar Rudolf Nurejew leugnete seine HIV-Infektion bis zu seinem Tod 1993. Mit dem US-Basketballer Earvin »Magic« Johnson und dem Turmspringer Greg Louganis infizierten sich in jenen Jahren zwei weitere bekannte Sportler (beide aber leben mit der Krankheit bis heute).

Freddie Mercury stirbt in den Abendstunden des 24. November 1991, an einem Sonntag, nur einen Tag nach dem eingangs erwähnten Presse-Statement in seinem Haus im Londoner Stadtteil Kensington. Todesursache ist eine Lungenentzündung, die infolge der AIDS-Erkrankung aufgetreten ist. Zum Todeszeitpunkt hält sein enger Freund Dave Clark, ehemals erfolgreich mit The Dave Clark Five (»Glad All Over«), die Nachtwache am Krankenbett. Mercurys engste Freundin Mary Austin übermittelt die Todesnachricht telefonisch an seine Familie. Zeitungen, Radio und Fernsehen melden Mercurys Ende in den frühen Morgenstunden des nächsten Tages.

Die Totenfeier wird am 27. November nach zoroastrischem Religionsritual gestaltet. Neben der Familie nehmen 35 enge Freunde des Verstorbenen an der Zeremonie teil, darunter seine Queen-Kollegen Brian May, Roger Taylor und John Deacon sowie Elton John. Mercurys Leichnam wird anschließend auf dem Kensal Green Friedhof in Westlondon verbrannt. Entsprechend der letzten Verfügung des Toten nimmt Mary Austin seine Asche in Empfang und begräbt sie später an einem unbekannten Ort.

Austin ist es auch, der Mercury den Löwenanteil seines Vermögens vermachte, darunter sein Londoner Anwesen (wo sie mit ihrer Familie bis heute lebt) und die Einkünfte aus seiner Musik. Den Rest des Vermögens erben Mercurys Eltern und seine Schwester. Des Weiteren hat der Sänger seine engsten Hausangestellten bis hin zu seinem Fahrer mit großzügigen Geldsummen bedacht. Seinem Lebensgefährten Jim Hutton vermachte er stattliche 500 000 Pfund.

Die Begrenzungsmauer des Grundstücks Garden Lodge, No. 1 Logan Place, wo Freddie Mercury seine letzten Jahre verbrachte, sollte bald neben Abbey Road zur meistbesuchten Londoner Pop-Pilgerstätte werden. Bis heute finden sich dort regelmäßig Fans aus aller Welt ein, verzieren die Steinwand mit Graffitis und hinterlassen Briefe an ihr verstorbenes Idol.

5. April 1994
Der Star, der keiner sein wollte

Er war das Gesicht des Grunge-Rock: Am 5. April 1994 erschoss sich **Kurt Cobain** *in seinem Haus in Seattle. In Erinnerung bleibt der Nirvana-Sänger als der letzte große tragische Held der Rockkultur und als Symbolfigur der Generation X.*

171 Lake Washington Boulevard East, Seattle. Ein großzügig angelegtes Haus mit weiß gepinselten Fensterrahmen, aufwendiger Holztäfelung, rankenden Wildrosen und pittoresken Dachgauben. Hier, einen Steinwurf entfernt vom Ufer des Lake Washington, duftet es nach behaglicher Bürgerlichkeit und zufriedenem Wohlstand. Nicht aber nach Rock 'n' Roll. Just in dieser noblen Gegend hat sich Kurt Cobain das Zuhause geschaffen, das er so lange vermisst hat. Auf dem Höhepunkt seines Ruhms aber wird er sich hier selbst auslöschen, seine Frau zur Witwe, sein Töchterchen zur Halbwaisen und die Generation X zur fassungslosen Trauergemeinde machen, die ihre Stimme verloren hat.

Ihren ersten Schrei macht diese Stimme am 20. Februar 1967 in Aberdeen, einem Städtchen südwestlich von Seattle, Washington. Als Kind ist Kurt Cobain ein hyperaktives Energiebündel, zur Beruhigung gibt ihm die Mutter das Psychopharmakon Ritalin. Mit neun dann die Scheidung der Eltern – ein Trauma für den Jungen: Nirgendwo fühlt er sich mehr zu Hause, nirgendwo gewollt, nirgendwo verstanden. Mit dem neuen Lebensgefährten der Mutter versteht er sich so wenig wie mit der neuen Partnerin des Vaters. Mal lebt er nun hier, mal dort, in seinen Teenagerjahren kommt er in zehn verschiedenen Familien unter, bei Onkels, Tanten, Großeltern und Freunden. Kurt kapselt sich ab, auch in der Schule. Nach und nach verzieht er sich in seine eigene Welt, raucht schon mit 13 Marihuana, malt, schreibt Gedichte – und entdeckt die Musik. Auch das Thema Tod begegnet ihm früh: Zwei Großonkel bringen sich um, ein Nachbarsjunge erhängt sich im Garten. Kurt wird immer unberechenbarer und aggressiver, seit der Scheidung der Eltern schlägt er regelmäßig um sich.

Mit 15 Jahren lernt er Krist Novoselić kennen, ein Außenseiter wie er selbst. Die beiden beginnen zusammen Musik zu machen. Inzwischen hat sich Kurt das Gitarrenspiel beigebracht, und er schreibt erste Songs. Mit 18 bricht er die Highschool ab, zieht in das Collegestädtchen Olympia. Hier, im Großraum Seattle, formiert sich Mitte der 1980er Jahre eine Undergroundszene, die mit dem »Sub Pop«-Plattenlabel auch die Keimzelle der späteren Grunge-Bewegung hervorbringt. Kurt und Krist mischen mit, 1987 gründen sie Nirvana, und allmählich machen sie sich einen Namen.

In diesem nordwestlichsten Zipfel der USA entwickeln junge Bands eine eigene Interpretation von Punk und Metal. Ihre Musik ist rau, aggressiv und voller Emotion. Mit Soundgarden, Melvins und Mudhoney zählen Nirvana bald zu den führenden Kräften. Ein erstes Album erscheint 1989, ihr Aktionsradius wächst, Majorlabels werden aufmerksam. Geffen Records erhält den Zuschlag und überweist einen Vorschuss von 287 000 Dollar. Cobain und Novoselić haben es geschafft. Zumal sie in Dave Grohl endlich auch den perfekten Drummer finden. Im September 1991 erscheint das Album NEVERMIND und mit ihm die Single »Smells Like Teen Spirit«. Auf etwas so Echtes und Unprätentiöses wie den Grunge, made in Seattle, hat die Rockwelt nur gewartet – Platin-Auszeichnungen, Nr.-1-Platzierungen, Welttournee, Titelblätter und MTV-Awards: Indie ist plötzlich Pop, und Nirvana sind Superstars.

Jeder andere würde nun feiern. Der labile Cobain aber kommt mit der plötzlichen Popularität nicht klar. Vom Business fühlt er sich benutzt, von den Fans vereinnahmt, das Geld interessiert ihn nicht, und er hasst sich selbst dafür, dass er das ganze Spiel dann doch mitmacht. Davonstehlen kann er sich nicht – die Plattenfirma will ein neues Album, der Affe will den Zucker, und die Dollars müssen verdient werden. Cobain fügt sich murrend, und in seinem Tagebuch notiert er seine Wut auf das Publikum. Zuflucht sucht er bei der temperamentvollen Courtney Love, die er seit 1990 kennt und 1992 heiratet. Tochter Frances kommt im August desselben Jahres zur Welt. Es scheint, dass die kleine Familie dem Sänger die dringend benötigte Nestwärme geben kann. Beide Eltern aber hängen an der Heroinnadel. Immer öfter setzt sich Cobain nun selbst außer Gefecht, immer tiefer gerät er in Konflikt mit sich, seinem Job und seiner Familie.

Nicht zuletzt machen ihm zunehmende gesundheitliche Probleme zu schaffen. Seine ewigen Magenschmerzen werden schlimmer (Cobain: »Ich hab angefangen, drei Tage hintereinander Heroin zu neh-

Galionsfigur der Grunge-Bewegung: Kurt Cobain wurde mit seiner Band Nirvana zu einer der letzten großen Ikonen der Rockmusik.

men, und die Bauchschmerzen waren weg – eine Erlösung.«). Eine bipolare Störung wird diagnostiziert, depressive Phasen und Suizidphantasien nehmen zu. Als die Band Anfang 1994 eine Europatournee startet, gerät die Sache außer Kontrolle. Am 4. März findet Courtney Love ihren Mann im Hotelzimmer in Rom bewusstlos auf – vermutlich nach einem Suizidversuch mit Schlaftabletten und Alkohol. Cobain überlebt und beginnt wenige Wochen später einen Heroinentzug im Exodus Recovery Center in Los Angeles. Schon nach dem ersten Tag aber klettert er nachts über den Zaun und verschwindet. Niemand aus seinem privaten Umfeld wird ihn lebend wiedersehen. Am 3. April beauftragt Love einen Privatdetektiv mit der Suche nach ihrem Mann.

Washington Boulevard, Seattle, Washington: Auf diesem Spitzboden über der Garage des Anwesens beendete Cobain sein Leben.

Es ist der Morgen des 8. April, als der Elektriker Gary Smith das Haus am Washington Boulevard betritt, um auf dem Anwesen eine Alarmanlage zu installieren. In dem kleinen Dachstudio über der Garage findet er Kurt Cobain, leblos auf dem Boden liegend, in der Hand ein Gewehr, den Lauf auf sein Kinn gerichtet. Ein dünnes Rinnsal Blut fließt aus dem Ohr des Toten, so wird Smith später berichten. Neben der Leiche, die dort, wie sich herausstellen wird, seit drei Tagen liegt, findet sich ein Abschiedsbrief. Smith ruft die Polizei.

Der offizielle Untersuchungsbericht wertet den Fall als Suizid. Am 10. April versammeln sich in Seattle 7000 Menschen zur Trauerfeier, Love redet, und Novoselić lässt eine aufgezeichnete Botschaft abspielen. Die Schockwelle von Cobains Tod ist weltweit zu spüren, überall trauern Jugendliche um den Mann, der ihre Gefühle und ihr Lebensgefühl artikuliert hatte wie kein anderer – und der an seiner Rolle als Symbolfigur einer Jugendkultur verzweifelte. Anthony Kiedis von den Red Hot Chili Peppers beschrieb ihn einmal so: »Ich weiß nicht, warum sich jeder auf diesem Planeten diesem Kerl so nahe fühlte. Er wurde gemocht, war liebenswert und auf eine verrückte Weise harmlos. Trotz all seines Geschreis und all seiner Düsterkeit – man musste ihn einfach lieben.«

Immer wieder gibt es seit damals Zweifel an der Suizidtheorie. Vor allem der von Love engagierte Detektiv Tom Grant vertritt die auf diverse Ermittlungslücken gestützte These, dass Kurt Cobain ermordet wurde. Beweise aber blieb er bis heute schuldig.

29. Mai 1997
Tod im Ol' Man River

*Er war der Mann, der Leonard Cohens »Hallelujah« unsterblich machte: Am Abend des 29. Mai 1997 ertrank **Jeff Buckley** in Memphis beim Schwimmen im Mississippi. Ein tragischer Unglücksfall und ein bitterer Verlust für die Musikwelt.*

Keith Foti beeilt sich. Soeben passiert ein schwerer Schlepper einen Stauwasserkanal des Mississippi. Dort, am Wolf River Harbour, lagert Foti an diesem schwülen Frühlingsabend zusammen mit einem Kumpel, um noch ein kühlendes Bad im Fluss zu nehmen. Der Freund ist wenige Minuten zuvor schon ins Wasser gegangen, Foti hat ihn beim Schwimmen beobachtet. Schnell schnappt er sich nun die mitgebrachte Boom-Box und die Gitarre, um sie vor der zu erwartenden Bugwelle zu schützen, die bald das Ufer erreichen wird. Als er sich anschließend wieder dem Fluss zuwendet, kann er den Schwimmer nicht mehr sehen.

Volle sechs Tage wird es dauern, bis der Leichnam in den Fluten gefunden wird. Erst am 4. Juni 1997 nachmittags um halb fünf entdeckt ein Passagier des vorbeifahrenden Schaufelraddampfers »American Queen« den Toten. An der Südspitze von Mud Island

Tod im Wolf River: Unter dieser Brücke über einen Seitenarm des Mississippi in Memphis wurde Jeff Buckley zuletzt gesehen.

dümpelt er im Wasser, genau gegenüber der berühmten Beale Street in Memphis. Nachdem die Leiche geborgen ist, ergibt die Obduktion, dass weder Fremdverschulden im Spiel war noch Alkohol oder sonstige Drogen im Blut des Toten nachzuweisen sind. Seine Identität wird schnell festgestellt: Es handelt sich um den 30-jährigen Jeffrey Scott Buckley, Sohn des Folksängers Tim Buckley und selbst eines der vielversprechendsten Talente der amerikanischen Musikszene.

Buckleys Geschichte beginnt im Herbst 1966. Am 17. November kommt er in Orange, einer Gemeinde im Großraum Los Angeles, zur Welt. Seinen leiblichen Vater Tim Buckley, zu dieser Zeit noch kaum bekannt, trifft Jeff nur ein einziges Mal in seinem Leben, ein Jahr vor dessen Tod – am 29. Juni 1975 stirbt der an einer Überdosis Heroin. Das Talent des Vaters aber hat der Sohn geerbt. Schon mit fünf Jahren entdeckt er die Gitarre, mit zwölf beschließt er, Musiker zu werden, und mit 13 bekommt er eine schwarze Gibson Les Paul geschenkt. Es ist also nur eine Frage der Zeit, bis der Junge, der nach der Highschool eine Musikschule besucht, in Los Angeles von sich reden machen wird. Tatsächlich spielt er schon in seinen Teenagerjahren in diversen Bands, das Spektrum reicht von Jazz über Reggae bis Progrock. Als Sänger aber tritt Buckley da noch kaum in Erscheinung, hier und da steuert er allenfalls mal die Background-Vocals bei.

Erst als er 1991 nach New York geht, entdeckt er seine Vier-Oktaven-Stimme – sie wird ihn zum Star machen. Im Frühling des folgenden Jahres beginnt er mit einem Soloprogramm im Sin-è-Club in Greenwich Village aufzutreten. Es ist die Zeit, als Buckley seine großen Gesangslehrmeister findet und sich in die Musik von Van Morrison, Billie Holiday, Nusrat Fateh Ali Khan und Robert Johnson vertieft. Ihre Kunst trifft nun auf die Einflüsse von Jeffs Lieblingsmusikern, darunter Led Zeppelin, The Smiths, Siouxie Sioux und Elton John. Zunächst noch bilden Coverversionen das Gros seines Repertoires, allmählich aber kommen immer mehr eigene Songs dazu.

Buckley wird gehört. In kürzester Zeit ist der eigenwillige Junge aus Kalifornien das Stadtgespräch im Big Apple. Spätestens im Sommer 1992 stehen dicke Limousinen Schlange vor dem Sin-é. Sie gehören neugierigen Plattenmanagern, darunter Business-Legenden wie Clive Davis, die das neue Talent in Augenschein nehmen wollen. Den Zuschlag erhält im Oktober 1992 Columbia Records. Nach einer ersten EP, LIVE AT SIN-È, beginnt Buckley im Sommer 1993 mit der

Sensibles Talent: Jeff Buckley gehörte zu den vielversprechendsten Singer/Songwritern der 1990er Jahre.

Arbeit an seinem Debütalbum GRACE, das ein Jahr später, am 23. August 1994, erscheint. Obwohl zunächst ein Ladenhüter, wird die Platte mit ihren fein austarierten Balladen, die Buckleys atemberaubend-intensive Performance mit geschmeidigem Jazz, Hardrock und Folk verbinden, nach und nach entdeckt. Songs wie der Titeltrack »Last Goodbye« und nicht zuletzt die feierliche Interpretation von Leonard Cohens »Hallelujah« sorgen für Gänsehaut – auch auf der Bühne: Buckley geht auf Welttournee und erobert Publikum und Medien im Sturm. Schon im nächsten Jahr hat er sich zum größten Hoffnungsträger der internationalen Alternative-Szene entwickelt, die seit dem Tod von Kurt Cobain nach neuen Helden sucht.

Im Winter 1996/97 dann macht sich Buckley an die Arbeit zum zweiten Album mit dem Arbeitstitel: »My Sweetheart The Drunk«. Aufgenommen werden soll im Easley McCain Recording Studio in Memphis, wo schon Townes Van Zandt, Rufus Thomas und die Jon Spencer Blues Explosion gearbeitet haben. Nach diversen Vorarbeiten soll es am 29. Mai 1997 losgehen, die aus New York kommende Band an diesem Tag einfliegen.

Am frühen Abend – die Band ist bereits im Landeanflug – setzen sich Buckley und sein Roadie Keith Foti in ihren gelben Ryder-Van, um ein paar Instrumente von ihrem gemieteten Shotgun-Haus in das nahegelegene Studio zu bringen. Wie Buckley-Biograph David Browne berichtet, verfahren sich die beiden und finden das Studio nicht, obwohl sie zuvor bereits dort gewesen sind. Also fahren sie runter zum Fluss und stellen den Wagen auf dem Parkplatz des Tennessee Welcome Center ab. Von dort machen sie sich auf den Weg zum Ufer. Foti setzt sich hin und spielt Gitarre, während Buckley, der dort schon oft geschwommen ist, sofort ins Wasser will. Mit Schuhen, Jeans und T-Shirt steigt er in die Fluten, dabei singt er, so Foti später, eine paar Songzeilen aus »Whole Lotta Love« von Led Zeppelin. Nach einigen Minuten beobachtet der Roadie, dass sich Buckley, der bereits bis in die Mitte des Wolf River hinausgeschwommen ist, in Richtung eines der beiden Pfeiler einer nahen Brücke bewegt, um dort Schutz vor einem nahenden Schlepper zu suchen. Es ist das letzte Mal, dass er seinen Freund sieht.

Vermutlich wurde der wohl durch die schweren Boots und seine nasse Kleidung gehandicapte Jeff Buckley Augenblicke später von einer Strömung unter Wasser gezogen. Ein lächerlich banaler Todesfall, der angesichts der Tatsache, dass der Sänger zum Todeszeitpunkt kerngesund und nüchtern war, für allerlei Spekulationen sorgte. Schon immer war er unberechenbar gewesen und gerne zwischendurch mal für ein paar Tage abgetaucht. Manche werteten den Umstand, dass er nun in voller Kleidung ins Wasser gegangen war, sowie Textpassagen aus Songs wie »Nightmares By The Sea« dann auch als Indiz für einen Suizid. Andere strickten gar an mehr oder weniger plausiblen Verschwörungstheorien und führten an, dass Buckley ein viel zu guter Schwimmer gewesen sei, als dass man dem offiziellen Bericht der Polizei Glauben schenken könne. Der aber stellte sachlich fest: »Tödlicher Unfall durch Ertrinken«.

22. November 1997
Suicide Blonde

Was genau geschehen war, ist bis heute nicht geklärt: Am 22. November 1997 starb INXS-Sänger **Michael Hutchence** *in einem Hotelzimmer in Sydney – das Ende eines Lebens am Abgrund und der vorläufige Schlussstrich unter ein bitteres Eifersuchtsdrama.*

Ein nackter Mann, leblos auf dem Boden eines Hotelzimmers kauernd. Dazu, das jedenfalls berichtete später der *Rolling Stone*, soll er eine gebrochene Hand, eine aufgeplatzte Lippe, Blutergüsse und Schürfwunden gehabt haben, all dies Folge eines grausamen Todeskampfes. Am 22. November 1997 ging die Nachricht um die Welt: Michael Hutchence, schillerndes Sexsymbol und charismatischer Frontmann der australischen Rockband INXS, war tot. Geendet hatte das Leben des erst 37-jährigen Popstars in Room 524 des Ritz-Carlton Hotels in Double Bay, Sydney.

Der Ort, an dem Michael Kelland John Hutchence sein Leben ließ, ist nur wenige Meilen entfernt vom Mater Misericordiae Hospital, wo er am 22. Januar 1960 zur Welt gekommen war. Drei Jahre später zieht der Vater, ein Geschäftsmann, mit seiner Familie nach Brisbane, kurz darauf schon verlassen die Hutchences Australien und siedeln um nach Hongkong. Nachdem sie 1972 nach Sydney zurückgekehrt sind, unternimmt Teenager Michael erste Versuche auf der Bühne. Mit seinem besten Highschool-Freund Andrew Farriss gründet er eine Band, in der auch dessen zwei Brüder mitspielen. Während 1977/78 in Europa und den USA der Punk abgeht, verdienen sich The Farriss Brothers mit Sänger Michael Hutchence erste Sporen in der lokalen Clubszene.

1979 dann wird zum entscheidenden Jahr: Die Gruppe spielt als Vorband von Midnight Oil, nimmt Demos auf, erhält einen Plattenvertrag und nennt sich nun INXS. Schnell schaffen es die Newcomer in die erste Liga der australischen Szene, auch die USA werden aufmerksam. Dort gelingt INXS 1985 mit »What You Need« ein erster Top-3-Hit. Es ist die Ouvertüre zu einer Weltkarriere, die ab 1987 mit dem Monsteralbum KICK so richtig Fahrt aufnimmt. Fünf Top-Singles wirft das Album ab, ausverkaufte Tourneen, Millionenumsätze und Preisverleihungen bestimmen nun den Alltag der Australier,

INXS sind ganz oben. Und ihr Frontmann Michael Hutchence steigt auf zu einem der verehrtesten Rockidole seiner Generation. Sein Image: cool, smart, sexy – die Fans, vor allem die weiblichen, liegen ihm zu Füßen. Affären hat er nun mit den begehrtesten Frauen des Planeten, darunter die Models Helena Christensen und Elle Mac-Pherson sowie Pop-Prinzessin Kylie Minogue.

Hutchence genießt den Ruhm, und er gibt den Rock-Dandy. Dabei, so berichten enge Vertraute, ist dieser so sinnliche Pin-Up-Boy des Jetsets eigentlich scheu, zurückhaltend, bodenständig und sensibel. 1992 gerät er in Kopenhagen in eine Schlägerei mit einem Taxifahrer und wird am Kopf verletzt, verzichtet aber zunächst auf einen Arztbesuch. So stellt sich erst Tage später heraus, dass er einen Schädelbruch erlitten hat. Die Folge: Hutchence verliert weitgehend seinen Geschmacks- und Geruchssinn, ein Handicap, das seinen Hang zu Depressionen verstärkt. Er nimmt nun immer häufiger Zuflucht zu Alkohol und Kokain, und er wird zunehmend unberechenbar. Bei den Aufnahmen zum INXS-Album FULL MOON, DIRTY HEARTS bedroht er 1993 sogar seine Mitmusiker mit einem Messer.

Und dann taucht die Frau auf, die sein Schicksal werden wird. Der englische *Guardian* beschreibt Paula Yates einmal so: »Furchterregend schlau, außergewöhnlich witzig, intuitiv und originell, war sie eine freie Denkerin, deren Schuhe auch noch zu ihrer Handtasche passten.« Kennengelernt hat Hutchence das platinblonde It-Girl des Punk schon ein Jahrzehnt zuvor: 1985 hatte sie den Sänger für das englische Fernsehen interviewt. Im Oktober 1994 tut sie es noch einmal, allerdings unter ungewöhnlichen Umständen: In ihrer von Ehemann Bob Geldof produzierten TV-Show *Big Breakfast* empfängt die Moderatorin prominente Gesprächspartner im Bett. Auch Michael Hutchence darf unter ihre Decke. Und dort funkt es offenbar.

Im Februar 1995 jedenfalls verlässt Yates Geldof und zieht zu Hutchence, der längst in London residiert. Es folgt ein erbitterter Sorgerechtsstreit um die drei Töchter aus der Ehe mit Geldof, der die englische Boulevardpresse ebenso beschäftigt wie der Neue an der Seite der Mutter. Als die Ehe mit »Saint Bob« im Mai 1996 geschieden wird, ist Yates bereits von Hutchence schwanger. Am 22. Juli 1996 wird Heavenly Hiraani Tiger Lily Hutchence in London geboren.

Im Herbst 1997 bereiten sich INXS in Sydney auf eine Welttournee vor. Yates will Hutchence mit Tiger Lily und den anderen Töch-

Frontmann und Frauenschwarm: Mit seiner Band INXS und Hits wie
»Suicide Blonde« gelang Michael Hutchence in den späten 1980er Jahren
der Durchbruch zum Weltruhm.

tern besuchen, Geldof aber verhindert das per Gerichtsbeschluss. In der Nacht vor seinem Tod soll Hutchence deshalb erregte Telefonate nicht nur mit Yates, sondern auch mit Geldof geführt haben. Wie Yates später behaupten wird, hat der INXS-Sänger dabei verzweifelt und verängstigt gewirkt, zudem soll Geldof ihn daran erinnert haben, dass er seit seiner Erhebung in den Adelsstand »über dem Gesetz« stehe.

Kurzes Familienglück: Hutchence mit Bob Geldofs Ex Paula Yates und der gemeinsamen Tochter Tiger Lily

Als ein Dienstmädchen des Ritz-Carlton Hotels Michael Hutchence an jenem Morgen des 22. November tot in Room 524 auffindet, scheinen die Todesumstände zunächst klar zu sein: Der Sänger hat sich mit seinem eigenen Schlangenledergürtel, den er am Sicherheitsschloss der Zimmertür befestigt hatte, aufgehängt. Die Schnalle des Gürtels ist unter dem Gewicht gerissen, weshalb Hutchence auf dem Boden kniet, als man ihn entdeckt. So jedenfalls beschreibt der offizielle Polizeibericht die Situation.

Bald aber schießen wilde Spekulationen ins Kraut, befeuert nicht zuletzt von Paula Yates selbst, die von Würgespielen beim Sex berichtet, die der experimentierfreudige INXS-Sänger praktiziert haben soll. Andere vermuten aufgrund der Verletzungen, es handele sich gar um Mord. Der Gerichtsmediziner Derrick W. Hand kann jedoch keine entsprechenden Hinweise finden und gibt als Todesursache »Suizid/Tod durch Erhängen« an. Dass Hutchence Suizidabsichten hegte, will allerdings niemand bestätigen, der in den letzten Stunden seines Lebens mit ihm in Kontakt gestanden hat. So bleibt sein Ende bis heute einer der mysteriösesten Todesfälle der Rockgeschichte – nicht zuletzt auch deshalb, weil sein Vermögen in Höhe von etwa 20 Millionen australischen Dollar seit seinem Tod spurlos verschwunden ist.

Paula Yates kam über Michael Hutchence' Tod nicht hinweg. In den Jahren danach rutschte sie immer tiefer in eine Spirale aus Alkohol, Drogen und Depressionen. Am 17. September 2000 wurde sie in der heimischen Wohnung tot aufgefunden: Ihre vierjährige Tochter Tiger Lili hatte vergeblich versucht, sie zu wecken. Als Todesursache wurde eine versehentlich eingenommene Überdosis Heroin angegeben, bereits zwei Suizidversuche hatte Yates in den Jahren zuvor unternommen. Mit erst 25 Jahren starb knapp vier Jahre später, am 7. April 2014, in ihrem Haus bei London an einer Heroinüberdosis auch Peaches Geldof, die zweitälteste Tochter von Sir Bob Geldof und Paula Yates.

6. Februar 1998
Der Tod des Falken

In den Medien war er umstritten, das Publikum aber liebte ihn: **Falco** *wurde zum einzigen internationalen Superstar des Deutschen Pop. Sein viel zu früher Tod am 6. Februar 1998 war ein tragischer Unfall – der dennoch bis heute für Spekulationen sorgt.*

Von einer Sekunde auf die andere war es vorbei. Jeder, der das Foto des total zerstörten Autowracks betrachtet, kann nicht den geringsten Zweifel daran haben, dass sein Insasse auf der Stelle tot gewesen ist. 6. Februar 1998, Montellano, nicht weit vom Flughafen Puerto Plata im Norden der Dominikanischen Republik: Um die Mittagszeit will ein schwarzer Geländewagen vom Parkplatz der Turist Disco auf die Hauptstraße einbiegen. Der Fahrer gibt Gas, schaut nicht nach links, nicht nach rechts. Im selben Moment schon kommt ein Bus angerauscht. Zum Bremsen ist es zu spät. Durch die Wucht des Aufpralls wird der Mitsubishi Pajero durch die Luft geschleudert, überschlägt sich mehrfach und bleibt neben einem Baum auf der anderen Straßenseite liegen. Der Fahrer wird als Johann Hölzel identifiziert, österreichischer Staatsbürger, weltbekannt als Popstar Falco.

Das Leben, das an jenem Februartag in der Karibik endete, währte nur 40 Jahre und lieferte den Stoff für die Legende vom wohl größten deutschsprachigen Popstar seiner Epoche. »Er war Superstar / er war populär / er war so exaltiert / because er hatte Flair« – so hieß es in Falcos größtem Hit »Rock Me Amadeus«. Zeilen, die nicht nur Wolfgang Amadeus Mozart, sondern auch ihren Schöpfer charakterisieren. Wo Falco auftauchte, da warteten Skandal, Provokation und Glamour gleich um die Ecke. Zumal er verdammt gut aussah und mit einer Überdosis »Wiener Schmäh« ausgestattet war. Von seinen musikalischen Talenten ganz zu schweigen.

Bereits dem Fünfjährigen bescheinigt ein Professor am Wiener Musikkonservatorium das absolute Gehör, und als Falco in den mittleren 1970er Jahren seine Karriere beginnt, da tut er das nicht nur an diversen Saiteninstrumenten, sondern auch an Klavier und Mikrophon. Nach ersten Profistationen, unter anderem beim Wiener Musiktheater Halluzination Company und bei der Politrockgruppe Drahdiwaberl (deren früher Hit »Ganz Wien (… ist heut' auf Hero-

Wiener Superstar mit Schmäh: der 1998 in der Dominikanischen Republik mit dem Auto tödlich verunglückte Falco

in)« vom Österreichischen Rundfunk nicht gespielt wurde), beginnt die eigentliche Karriere des Hochbegabten im Jahr 1982. Und das gleich mit einem Paukenschlag: Die Single »Der Kommissar« wird zu einem der ganz großen Hits der Neuen Deutschen Welle und bringt es auf Platz 72 der US-Billboard-Charts. Auftakt nach Maß und Pionierleistung, denn bis heute gilt »Der Kommissar«, das mit seinen Anleihen im Kinderlied »Der Plumpsack geht um« eher zufällig und im Zusammenhang mit Falcos Gastrolle in der TV-Serie »Kottan ermittelt« entstanden war, als weltweit erster Rap-Song eines Weißen. Drei Jahre später dann der Durchbruch auch in Amerika: »Rock Me Amadeus« mausert sich zum Welthit und belegt im Frühling 1986 für drei Wochen sogar Platz 1 in den USA – es ist das erste Mal, dass dies einem deutschsprachigen Künstler gelingt. Eine weitere Single, das dramatische »Jeanny«, provoziert einen handfesten Skandal. Die angebliche Gewaltverherrlichung im Text und der ebenso bedrückend reale wie anspielungsreiche Videoclip, in dem der Sänger einen Triebtäter darstellt, sorgen für Sendeverbote im öffentlich-rechtlichen Rundfunk, was dem Verkaufserfolg des Songs natürlich nur förderlich ist. So empört sich zum Beispiel der Fernsehjournalist Dieter Kronzucker im *heute-journal* über den Song. Seiner Meinung nach handele es sich hier eindeutig »um die Entführung, Vergewaltigung, Ermordung einer 19jährigen« (nur kurze Zeit zuvor war Kronzuckers Tochter entführt worden). Empörung hin, Empörung her – Falco hat seinen nächsten Hit gelandet.

Kurzfristig sieht es nun so aus, als peile der Österreicher eine internationale Karriere an. Chancen bieten sich genug: Madonna will mit ihm arbeiten, Virgin-Boss Richard Branson legt ihm einen 40-Millionen-Dollar-Vertrag vor und in Los Angeles wartet eine Traumvilla. Letztlich aber schlägt der Wiener mit der eleganten Garderobe und dem zurückgegelten Haar all das in den Wind. Lieber bleibt er daheim in seinem Wiener Kiez und bei seiner geliebten Mama Maria – nicht umsonst bemerkte er einmal: »Das Schönste an der amerikanischen Flagge sind die rotweißroten Streifen!« Als Künstler ist Falco für das ganz große Popbusiness ohnehin zu experimentierfreudig, zu unberechenbar, zu eigenwillig, ein musikalischer Kosmopolit, der sich nur ungern festlegen lässt.

Und als Mensch ist er zu fragil. André Heller wird später einmal sagen, dass Falco für »seine monströse Begabung nie die richtige seelische Statik hatte«, ein Urteil, das die Widersprüchlichkeit erklärt, die der Wiener der Welt zeigt: einerseits ein akribischer Perfektionist, der bis zur totalen Erschöpfung an Texten und Arrangements feilt und dessen vermeintlich übergroßes Selbstbewusstsein im Umgang mit der Öffentlichkeit oft genug in Arroganz kippt, andererseits aber ein introvertierter und zutiefst verängstigter Grübler, der sich mitunter in wochenlangen Drogen- und Alkoholexzessen verliert. Auch im Privatleben findet der von Selbstzweifeln Geplagte kaum den nötigen Halt. Zwar bekommt seine Freundin Isabella Vitkovic 1986 eine Tochter und wird zwei Jahre später geheiratet, 1989 aber ist das Familienidyll schon wieder zerbrochen und die Ehe am Ende. Zudem ergibt 1993 ein Vaterschaftstest, dass Falco nicht der Vater von Töchterchen Katharina Bianca ist.

Gegen Ende der 1980er Jahre stagniert die Karriere des Falken, wie ihn seine Fans nennen. Seine Platten verkaufen sich nur schleppend, und eine geplante Europatournee muss wegen mangelnder Nachfrage nach nur einem Konzert abgesagt werden. Zu Beginn des neuen Jahrzehnts ist Falco plötzlich ein Mann von gestern. Umso überra-

Hier ruht der Falke: Das Grab des Österreichers auf dem Wiener Zentralfriedhof

schender 1995 das Comeback mit »Mutter, der Mann mit dem Koks ist da«, dem technolastigen Remake eines Schlagers aus den 1920er Jahren. Mit dem Rückenwind des unverhofften Hits macht sich Falco nun an die Arbeit, um mit einem neuen Album den frischen Erfolg zu konsolidieren und auf die große Bühne zurückzukehren.

OUT OF THE DARK (INTO THE LIGHT) erscheint am 27. Februar 1998 – der Sänger ist da bereits seit drei Wochen tot. Am Unfallhergang gibt es keinerlei Zweifel. Bei der Obduktion werden 1,5 Promille Alkoholgehalt sowie erhebliche Kokain- und THC-Werte im Blut festgestellt. Wenige Tage später wird der Leichnam nach Österreich überführt.

Und nicht nur dort ist Falco plötzlich populärer denn je. Rund 4000 Menschen erscheinen zur Beisetzung auf dem Wiener Zentralfriedhof, das Grab mit der Glasplastik und dem markanten Obelisken wird zur Pilgerstätte für Fans. Und mit dem postumen Hiterfolg »Out Of The Dark«, wo es heißt »muss ich denn sterben, um zu leben?«, schießen anhaltende Spekulationen über einen Suizid ins Kraut. Manche Fans glauben gar bis heute, dass Falco seinen Tod fingierte und in die Anonymität abgetaucht ist.

Mit seinem Tod jedenfalls ist Falco zum glanzvollen Popmythos geworden, dem seit dem Jahr 2000 auch mit einem eigenen Musical, »Falco meets Amadeus«, gehuldigt wird. Die nüchterne Bilanz des Falkenflugs: Seine Karriere führte in ungeahnte Höhen, aber auch in deprimierende Tiefen – dennoch ist er die wohl einzige echte internationale Kultfigur, die der deutschsprachige Pop hervorgebracht hat. Falco selbst hätte diese Verehrung wohl eher skeptisch betrachtet. Selbstironisch hat er sich einmal einen »Wiener HipHopper« genannt – wohl wissend, dass in der Selbsteinschätzung nicht nur Bescheidenheit, sondern auch jede Menge Koketterie mitschwang. Wie gesagt: »Because er hatte Flair«.

25. Juni 2009
Goodbye, Peter Pan!

*Als **Michael Jackson** völlig überraschend am 25. Juni 2009 in Los Angeles starb, schien die Welt für einen Moment stillzustehen – kein Wunder, denn sie hatte ihren wohl größten Entertainer verloren. Der King Of Pop war gleichzeitig dessen wohl tragischste Figur...*

Das Vorhaben ist wahnwitzig. Aber: Wenn überhaupt jemand diese Quadratur des Kreises bewerkstelligen kann, dann der King Of Pop. Das totale Entertainment soll es sein. Das Beste von Broadway, Musical und Hollywood, Fred Astaire galore also, plus Gene Kelly XXL, dazu Maximum Motown, Star Wars 2.0 und Alice in Wonderland meets Wizard of Oz – »This is it« soll es heißen, und die größte Pop-Revue aller Zeiten soll es werden. Erdacht, geschaffen, gesungen und getanzt von einem Fabelwesen, das einst als kindliche Stimme einer schwarzen Boygroup seine Karriere begann, um sich dann in eine phantastische Kreuzung aus Peter Pan und Little Richard zu verwandeln.

In einer letzten gigantischen Kraftanstrengung will Michael Jackson der Welt zeigen, dass er, *nur* er, der unangefochtene König auf dem Planeten Pop ist. Am 9. März 2009 kündigt er den Konzertmarathon, der zunächst ›nur‹ zehn Shows umfassen soll, in London an. Und er stellt klar, dass dies sein Abschied von der Bühne sein wird, denn er will als agiler, charismatischer King Of Pop abtreten und genau so in Erinnerung bleiben. In wenigen Minuten sind die Shows ausverkauft, die Veranstalterfirma AEG Live setzt schnell weitere 40 Konzerte an, deren Eintrittskarten ebenfalls im Nu verkauft sind. Im Juli soll das Spektakel starten, irrsinnige 50 Mal soll es allein über die Bühne der Londoner O2-Arena gehen.

Schon Monate vor der Premiere sind ganze Hundertschaften mit der Planung und Realisation beschäftigt: Tänzer, Sänger, Musiker, Choreographen, Techniker, Kostümbildner, Bühnenbauer, Trainer, Stagehands, Physiotherapeuten, nicht zuletzt Ärzte. Und natürlich der Hauptdarsteller selbst.

Geprobt wird in Los Angeles, zunächst im Forum, später dann im Staples Center. Und alles dreht sich nur um IHN, rund um die Uhr Michael hier, Michael da, ein ganzes Universum kreist um den King

Of Pop. Nur: Diesen King Of Pop gibt es nicht mehr. Der Junge, der einst auf der Bühne mit einem scheuen Lächeln, wahrlich märchenhafter Grazie und seinem »Moonwalk« die Grenzen von Zeit, Raum und Schwerkraft aufheben konnte, ist nun ein 1,75 Meter großer, 50-jähriger Mann, der nur etwas mehr als klapprige 60 Kilogramm auf die Waage bringt, seit zehn Jahren nicht mehr auf Tournee gewesen und dazu seit langem schon abhängig ist von Schmerz-, Schlaf- und Beruhigungsmitteln. Und: Er hat selbst Zweifel, äußert sie sogar öffentlich und sagt, dass er nicht sicher sei, den geplanten Showmarathon tatsächlich durchzustehen. Aber er wird es versuchen. Wochenlang trainiert er mit seinem Fitnesscoach Lou Ferrigno. Wie immer in seiner Karriere ist er dabei überhart gegen sich selbst und erst zufrieden, wenn auch der schwierigste Move perfekt sitzt. Die Proben gehen gut voran, und Jacksons leistet Erstaunliches: Federnd und leicht tupft er millimetergenaue Präzision auf die Bühne, verströmt asketische Energie und doch auch den Zauber dieser außerirdischen Phantasiegestalt, die mehr als 25 Jahre zuvor mit Megahits wie »Beat It«, »Billie Jean« und »Thriller« die Welt eroberte.

Es sieht so aus, als würde tatsächlich Peter Pan zurückkehren, der König auferstehen: Die Choreographien im Staples Center schweben geradezu beiläufig durch die riesige Halle, die roboterhaften Bewegungsmuster lassen den militärischen Drill dahinter vergessen, und das Narrativ der Show beschwört einen spielerischen Tanz des Lebens, eine mit Breakbeat und HipHop kolorierte Comicwelt. Jackson ist der 12-Sterne-General, der diese Super-Hero-Revue allein auf schmächtigen Schultern trägt – wie kann ein Mensch das aushalten? Kaum jemand sieht das schwere Atmen nach jedem Probedurchlauf, niemand die Versagensängste, die Panikattacken, die Horrorszenarios, die durch diesen von Operationsnarben entstellten Kopf rotieren, wenn er allein ist mit sich, ruhelos durch seine Luxusvilla geistert, wenn er schlafen will und kein Auge zutun kann, wenn Muskeln und Gelenke von der ungeheuren Beanspruchung schmerzen und ein unerbittlicher Zeitplan zu eiserner Disziplin zwingt, dessen Nichteinhaltung nicht nur Millionen Dollar kosten wird, sondern eben auch Karriere, Renommee, Ruhm, Nimbus und Unsterblichkeit.

Wie soll einer das aushalten? Es scheint nur einen Weg zu geben: Pillen und Spritzen.

Acht Tage noch, dann soll der Tross mit allem Equipment aufbre-

Der Peter Pan des Pop: Michael Jackson während seiner »Dangerous«-Welttournee 1992

Motown-Erfolgsstory: The Jackson Five mit dem jungen Michael Jackson (Mitte)

chen nach London. Das erste Konzert ist für den 13. Juli terminiert. Niemand weiß, ob Michael Jackson inzwischen Zutrauen zu dieser gigantischen Unternehmung gefasst hat oder seine Ängste die Oberhand gewonnen haben. In den frühen Morgenstunden des 25. Juni kommt er nach langer Probenarbeit erschöpft nach Hause. Die letzte Nacht.

Um 12:21 Uhr Ortszeit erreicht die Notrufzentrale Los Angeles ein Anruf, er kommt von 100 Carolwood Drive, Beverly Hills. Die dort bald eingetroffenen Hilfskräfte finden Jackson, der laut Auskunft seines Arztes Dr. Conrad Murray eine halbe Stunde zuvor, zum Zeitpunkt des Auffindens in seinem Schlafzimmer, noch einen schwachen Puls hatte, leblos vor. Nach vergeblichen Wiederbelebungsversuchen transportieren sie ihn zum UCLA Medical Center. Dort wird der Musiker um 14:26 Uhr für tot erklärt.

Die Welt ist geschockt. Eine Michael-Mania auf allen Kanälen setzt ein. Websites brechen zusammen, Jackson-Alben erzielen Rekordumsätze, Zeitschriften bringen Sonderausgaben – einer der ganz Großen ist gegangen. Auch die spüren das, die diesen wunderlichen König Ludwig im globalen Popreich entweder nicht mochten oder lange schon abgeschrieben hatten. Sein Ende berührt etwas in uns, seine Tragik ist universell: Talent, Genie und Fleiß haben ihn über die gewöhnlichen Menschen hinausgehoben, ihm alle irdischen Wünsche erfüllt und märchenhafte Reichtümer beschert. Und doch hat das Schicksal ihn, so wie Quasimodo, den unglücklichen Glöckner von Notre-Dame, zum einsamen Außenseiter gemacht, der mit

In vollem Ornat: Der King of Pop 1984

kindlich reiner Seele sein Glück sucht, darüber verzweifelt und tragisch scheitert.

Was bleibt, ist ein moderner Mythos – und ein paar nüchterne Fakten: Als Todesursache wird ein Herzinfarkt infolge einer Vergiftung mit dem Narkosemittel Propofol ermittelt, zudem werden in Jacksons Leichnam die angstlösenden Psychopharmaka Diazepam, Midazolam und Lorazepam nachgewiesen. Der Fall wird vom Staatsanwalt als Tötungsdelikt bewertet und Jacksons Arzt Dr. Murray, der dem Sänger die Arzneimittel besorgt und verabreicht hat, daraufhin der fahrlässigen Tötung angeklagt. Am 29. November 2011 wird er schuldig gesprochen und zu vier Jahren Gefängnis ohne Bewährung verurteilt. Murray habe, so der Richter, seinen Patienten »im Stich gelassen« und »seinen medizinischen Eid für Geld und Prestige verletzt«.

23. Juli 2011
Der Rausch des Ruhms

*Auch wenn es für einen kurzen Moment so ausgesehen hatte, als könnte **Amy Winehouse** ihre Dämonen besiegen – überraschend kam ihr Tod nicht: Am 23. Juli 2011 wurde die 27-Jährige tot in ihrer Londoner Wohnung aufgefunden. Es war das traurige Ende einer Tragödie, die sich vor den Augen der Welt über Jahre hinweg angekündigt hatte.*

Andrew Morris denkt, dass es nun wohl an der Zeit ist. Fast vier Uhr am Nachmittag zeigt die Uhr an diesem 23. Juli 2011, einem sonnigen Samstag in London, und sein Schützling hat noch immer nichts von sich hören lassen. Morris arbeitet als Bodyguard, in diesem Fall aber ist er eher so etwas wie ein Kindermädchen. Sein Job: auf Amy Winehouse aufzupassen. Soweit das möglich ist. Zuletzt hat er am Morgen um zehn nach ihr gesehen. Da schlief sie. Morris weiß, dass dies nicht ungewöhnlich ist für Amy, die oft erst gegen Morgen ins Bett geht. Nun aber ist er beunruhigt. Er betritt die Wohnung und

Beehive-Style und schwarzer Lidstrich: Amy Winehouse, Jahrhunderttalent und Symbolfigur des Neo Soul

Trauer in Camden Town: Fans versammeln sich vor dem Haus, in dem Amy Winehouse kurz zuvor verstorben ist.

findet sie im Bett. Noch immer sieht sie aus, als schliefe sie. Dabei lebt sie schon seit Stunden nicht mehr. Morris ruft den Notarzt und weiß doch, dass es zu spät ist.

27 Jahre zuvor, am 14. September 1983, hatte Amy Jade Winehouse im Londoner Vorort Southgate das Licht der Welt erblickt. Sie ist das

zweite Kind einer jüdischen Familie und wächst behütet im Schoß eines weitverzweigten Clans auf. Schon als Halbwüchsige hört sie die Jazzplatten ihres Vaters und singt die Songs von Frank Sinatra, Ella Fitzgerald und Sarah Vaughan, am liebsten mit ihrem Vater im Duett oder Textzeile für Textzeile abwechselnd. Der erste Bruch in dieser unbeschwerten Kindheit: 1992 trennen sich die Eltern. Amy lässt sich nichts anmerken, aber Mutter Janis weiß es besser: »Amy sagte immer: ›Mom, mir geht es gut, wirklich.‹ Aber das stimmte nicht.«

Amy ist ein Dickkopf und eckt überall an – vor allem in der Schule. Mit zwölf wird sie auf der Sylvia Young Theatre School angenommen, einer der renommiertesten Showbiz-Schmieden des Landes. Doch gibt es auch dort bald Probleme. Amy will singen, sonst nichts, schon gar nicht will sie die Dinge lernen, die neben der Musik auf dem Stundenplan stehen. Mit 15 ein erneuter Schulwechsel, mit Ach und Krach schafft sie auf der Mount School in Mint Hill ihren Abschluss. Es folgt ein Studium an der London School for Performing Arts & Technology. Nach nur einem Jahr wirft sie hin – ab jetzt wird sie es auf eigene Faust versuchen.

Sie macht sich einen Namen als Stimme des British Youth Orchestra. Dessen Leiter Bill Ashton: »Sie sah aus wie ein Schulmädchen. Aber wie konnte sich eine 16-Jährige anhören wie ein 50-jährige schwarze amerikanische Sängerin?« Bald kursiert ihr Name als Geheimtipp in der die Branche. 2002 macht Island Records ein Vertragsangebot inklusive eines Vorschusses über 250 000 Pfund. Obwohl andere das Doppelte bieten, unterschreibt die erst 19-Jährige, denn bei Island darf sie ihren künstlerischen Kurs selbst bestimmen.

Mit Fugees-Produzent Salaam Remi arbeitet Amy nun an ihrem ersten Album. FRANK erscheint im Oktober 2003 und bietet eine ungewöhnlich jazzlastige Mixtur aus Pop, Soul und HipHop. Nicht nur ihre außergewöhnliche Stimme lässt die Medien aufhorchen, auch registrieren die Kritiker das überraschend reife Songwriting. Im Interview erklärt die Newcomerin, wie wichtig ihr Authentizität ist: »Alles, worüber ich schreibe, habe ich selbst erlebt. Sonst könnte ich doch nicht darüber reden.« Auf Anhieb wird Winehouse zur Hoffnungsträgerin der UK-Szene.

Indes tauchen am Horizont die ersten Wolken auf. Regelmäßig betäubt Amy, wie die Mutter später bestätigt, ihre panische Auftrittsangst mit Hochprozentigem: »Sie hatte immer Angst, und sie trank dagegen an.« Und sie wird zum Stammgast bei den Partys im Londoner Hipsterviertel Camden. Dort lernt sie Blake Fielder-Civil kennen. Der Mann, der sich mit Gelegenheitsjobs beim Film über Wasser hält, wird ihr zum Verhängnis. Jede freie Minute verbringt sie nun mit ihm, übernimmt auch seine Drogengewohnheiten einschließlich Heroin- und Kokainkonsum. Glücklich verläuft die Beziehung nicht, sie küssen und sie schlagen sich blutig. Amy weiß, dass Blake nicht gut ist für sie, und kommt doch nicht von ihm los. Neben Drogen- und Alkoholexzessen kommt es zu gesundheitlichen Problemen. So leidet die zierliche, gerade 1,59 Meter große Sängerin unter Bulimie, zeitweise magert sie auf nur noch 40 Kilo ab. Ende 2005 beendet Fielder-Civil die Beziehung, Amy ist am Boden zerstört. Als dann im Mai 2006 ihre geliebte Großmutter stirbt, gerät sie vollends aus der Bahn und in eine Spirale, die tödlich enden wird. Familie und Management versuchen zu helfen, sie zu Entziehungskuren zu überreden – Amy lehnt ab.

Im Sommer 2006 beginnt sie mit dem Produzenten Mark Ronson am zweiten Album zu arbeiten. Es entstehen Songs wie »Rehab«, »Back To Black« und »You Know I'm No Good«, musikalisch brillante Zeugnisse einer gereiften Sängerin, textlich allesamt aber bedrückend ehrliche Bekenntnisse, die sich auch als Hilferufe deuten lassen. Obwohl BACK TO BLACK, das im Oktober 2006 erscheint und den Impuls für einen weltweiten Retrosoul-Boom gibt, zum Millionenseller wird, kann Amy nur kurz durchatmen.

Fielder-Civil kehrt zu ihr zurück, im Mai 2007 heiraten die beiden. Besser aber wird nichts. Die Presse weidet sich an den Eskapaden des Skandalpaares, Paparazzi verfolgen sie hartnäckig, Fotos der derangierten Sängerin sind in der Tabloid-Presse fast schon an der Tagesordnung. Mit einer Überdosis Heroin wird sie ins Krankenhaus eingeliefert und muss eine Europatour absagen.

2008 aber scheint es aufwärtszugehen. BACK TO BLACK wird mit fünf Grammys ausgezeichnet (sie kann nur per Satellitenschaltung an der Preisvergabe teilnehmen, da sie wegen Drogenvergehens nicht in die USA einreisen darf), und Amy geht für ein halbes Jahr auf die Karibikinsel St. Lucia, um ihre Heroinsucht loszuwerden. Doch auch das ist wieder eine zweischneidige Sache: Heimlich hat sie Heroin mitgeschmuggelt, das aber irgendwann zu Ende geht. Zum kalten Entzug kommt noch das für sie kaum erträgliche Essen hinzu: Bryan

»I don't want to go to rehab«: Winehouse bei ihrem desaströsen Auftritt am 18. Juni 2011 in Belgrad

Adams, der sie eingeladen hatte, verabscheut Fleischkonsum, und sie hungert nach Junkfood. Das schafft sie – die Trinkerei aber kann sie nicht lassen. 2009 die Scheidung von Blake, und mit Reg Traviss, einem Londoner Filmemacher, taucht ein neuer Mann an ihrer Seite auf. 2010 ist es relativ still um die Sängerin, im Frühling 2011 aber beginnen die Vorbereitungen für ein Comeback: Swing-Legende Tony Bennett lädt sie zum Duett (»Body And Soul«), ein neues Album ist für den Herbst geplant, und das Management bereitet eine Europatour vor. Winehouse verkündet, dass sie keine Drogen mehr nimmt und auch mit dem Trinken aufhören wird.

Der Tourstart am 18. Juni 2011 in Belgrad aber wird zur Katastrophe: Betrunken und orientierungslos torkelt Amy auf die Bühne, lallt ins Mikrophon. Das Publikum ist peinlich berührt und wütend, quasi zeitgleich werden Videos von dem Auftritt bei YouTube eingestellt, die Presse hat ihre Schlagzeile: »Das schlechteste Konzert aller Zeiten!«

Die komplette Tour wird abgesagt, und Winehouse verdrückt sich in ihr Haus No. 30, Camden Square. Fünf Wochen später findet sie Bodyguard Andrew Morris dort tot in ihrem Bett. Vor den Augen einiger Dutzend Schaulustiger wird sie, bedeckt mit einer weinroten Decke, auf einer Bahre aus dem Haus getragen und in einem schwarzen Van davongefahren. Die spätere Obduktion ergibt einen Alkoholwert von 4,13 Promille. Der Rausch ist vorbei – Amy Winehouse hat sich selbst zerstört.

11. Februar 2012
Die Drama-Queen

Sie war die vielleicht beste Popsängerin aller Zeiten, und sie hatte schwer daran zu tragen: Am 11. Februar 2012 starb **Whitney Houston** *allein in einer Hotelsuite – das tragische Ende einer Karriere, die ein Vierteljahrhundert zuvor so strahlend begonnen hatte.*

»*Jesus loves me, loves me still, though I'm very weak and ill.*« Whitney Houston singt den alten Gospel am Abend des 9. Februar 2012 im Nachtclub »Tru Hollywood«, Los Angeles. Unter dem Jubel der Gäste gibt sie zusammen mit der R 'n' B-Sängerin Kelly Price ein kurzes Duett. Wie das Klatschblatt *The Hollywood Reporter* später behaupten wird, kommt es anschließend fast zu Handgreiflichkeiten: Houston soll mit der ebenfalls anwesenden *X-Factor*-Finalistin Stacy Francis und dem Rapper Ray J, mit dem man ihr eine Affäre nachsagt, aneinandergeraten sein. Als sie den Club verlässt, wollen Reporter Hautabschürfungen an ihrem Handgelenk und Blut an ihrem Bein entdeckt haben. In den Morgenstunden lässt die derangierte Sängerin die Nacht im Beverly Hilton Hotel ausklingen. Dort soll sie zwei Tage später bei der Pre-Grammy-Party ihres Mentors Clive Davis auftreten. Dazu aber wird es nicht kommen.

Just an diesem Ort, dem Beverly Hilton, war 27 Jahre zuvor der offizielle Startschuss für ihre Karriere gefallen. Im Februar 1985 hatte jener Clive Davis, damals Chef der Plattenfirma Arista, sie dort der versammelten Branchenprominenz vorgestellt. Und jeder der Gäste, die an diesem Vorabend der Grammy-Verleihung anwesend waren und nur ein bisschen von Popmusik verstanden, wusste, dass der Gastgeber in dem strahlend schönen Mädchen mit der Vier-Oktaven-Stimme einen kommenden Weltstar gefunden hatte. Whitney Elizabeth Houston war da gerade 21 Jahre alt.

Dass aus dem am 9. August 1963 in Newark, New Jersey, geborenen Mädchen eine Sängerin werden würde, war unvermeidlich: Mutter Emily »Cissy« gehörte zur Gesangsgruppe The Sweet Inspirations und hatte für Mahalia Jackson, Elvis Presley, Jimi Hendrix und Otis Redding gearbeitet. Whitneys Cousinen waren Dionne und Dee Dee Warwick, als Patentante fungierte Soulsister Aretha Franklin – mehr Black-Music-Adel geht nicht. Kein Wunder, dass Whitney die typi-

Vier Oktaven, mädchenhafter Charme und emotionale Wucht: Whitney Houston wurde zur wohl erfolgreichsten Popkünstlerin aller Zeiten

sche Ausbildung einer jeden großen Soulsängerin durchlief: Kirchenchor der örtlichen Baptistengemeinde, erste Auftritte mit der Mutter und bald schon professionelle Einsätze, etwa bei Bill Laswells Band Material, Lou Rawls und Chaka Khan. Nebenbei brachte sie es als Model sogar bis in die *Vogue*.

1983 dann bietet Davis ihr einen Plattenvertrag. Zwei Jahre lang wird am Plattendebüt gefeilt, am Ende ist WHITNEY HOUSTON, veröffentlicht im März 1985, das perfekte Vehikel für diese einzigartige Gesangsbegabung. Fünf Singles werden ausgekoppelt, drei davon, »Saving All My Love For You«, »How Will I Know« und »The Greatest Love Of All«, schaffen es wie selbstverständlich auf Platz eins der US-Billboard Charts. Die Welt ist betört von Houstons mädchenhafter Ausstrahlung, ihrer atemberaubenden Stimme, der unbekümmerten Lebenslust und emotionalen Wucht ihres Vortrags. Die Musik dazu: dezent überzuckert, süffig orchestriert und souverän zwischen traditionellem Motown-Schick und eleganter 80s-Urbanität tänzelnd. Unglaubliche 13 Millionen Alben werden verkauft, es ist das bis heute erfolgreichste Debütalbum einer Künstlerin. 1987 erscheint mit WHITNEY der zweite Streich, »I Wanna Dance With Somebody« und »Didn't We Almost Have It All« werden Welthits – Whitney Superstar.

Als »The first Black American Sweetheart«, wie ein Magazin sie nennt, 1992 die von Dolly Parton geschriebene Monsterballade »I Will Always Love You« aufnimmt und gleichzeitig ihren Hollywood-Einstand im Blockbuster *Bodyguard* gibt, ist sie endgültig zur Ikone aufgestiegen. Die Hochzeit mit dem R 'n' B- und Swingbeat-Star Bobby Brown scheint das Glück der Pop-Prinzessin perfekt zu machen.

Indes: Diese Liebe wird zur Amour fou. Bald und dann immer öfter gerät das Paar in die Schlagzeilen, abwechselnd ist die Rede von häuslicher Gewalt und Drogenexzessen, Auftrittstermine werden abgesagt, Entziehungskuren vermeldet. Künstlerisch verliert Houston nun allmählich den Boden unter den Füßen. Die Pausen zwischen den Platten werden länger, ihre Qualität schwankt, und der Erfolg lässt nach.

Zu Beginn des neuen Millenniums scheint Whitneys Stern endgültig verblasst zu sein. Die Zeiten sind inzwischen andere, MTV, zu Houstons Glanzzeit das ideale Medium für perfekt inszenierte Popkunst, ist Vergangenheit. Und eine neue Generation von Sängerinnen hat Whitneys Erbe angetreten: kühle Showbiz-Technokratinnen, effizient, makellos, diszipliniert. Beyoncé, Rihanna & Co. punkten mit präzise kalkuliertem Produkt, offensivem Sex-Appeal und nicht zuletzt vokaler Athletik, die Houston sie einst gelehrt hat.

Noch einmal aber rafft sich Whitney auf und versucht ihr Leben, das längst zur führerlosen Achterbahnfahrt aus privaten Kalamitäten und beruflichen Fehlschlägen geworden ist, in Ordnung zu bringen. 2007 reicht sie die Scheidung von Brown ein, im Herbst 2009 meldet sie sich mit einer öffentlichen Lebensbeichte bei TV-Talklegende Oprah Winfrey zurück und lässt mit I LOOK TO YOU ein respektables neues Album folgen. Eine Welttournee mit 50 Konzerten soll noch einmal die Magie der großen Jahre beschwören – sie wird zum Offenbarungseid. Hager, verschwitzt und von den Jahren gezeichnet steht sie da, der glamouröse Pomp der Inszenierung wirkt hohl, und das Schlimmste: Ihre über die Jahre hinweg ruinierte Stimme lässt sie im Stich. Das Publikum registriert es mit Trauer und Enttäuschung, die Presse weidet sich am Niedergang der Diva mit dem Hang zum Drama.

2011 schmiedet Whitney Houston dennoch neue Pläne. Sie soll im Remake des Musicalfilms *Sparkle* spielen, und Simon Cowell will sie, so lässt er wissen, in die Jury seiner *X-Factor*-Show holen. Auch ihr alter Svengali Clive Davis will ihr zum Comeback als Plattenkünstlerin verhelfen. Zum wiederholten Mal versucht sie ihr Drogenproblem endlich in den Griff zu kriegen.

Beverly Hilton, Los Angeles: Das Nobelhotel, wo Whitney Houstons Karriere 1985 begann und ihr Leben 27 Jahre später endete

Unaufhaltsamer Niedergang: Immer öfter ließ Houston in den letzten Jahren auf der Bühne ihre Stimme im Stich.

Zu spät, am Nachmittag des 11. Februar 2012 gegen 15:30 Uhr findet sie ein Bodyguard im Beverly Hilton leblos in der Badewanne ihrer Suite 434 liegend auf. Die wenig später eintreffenden Rettungssanitäter stellen um 15:55 Uhr Whitney Houstons Tod fest. Ursache: Ertrinken, begünstigt durch eine chronische Herzkrankheit sowie die Wirkung diverser im Körper gefundener Substanzen, neben Alkohol sind dies Kokain, Cannabis und verschiedene Beruhigungsmittel.

Noch am Tag ihres Todes kommt es zum Eklat, der den ganzen Wahnwitz des Showbusiness und seiner Gepflogenheiten offenbart: Clive Davis lässt die für den Abend im Beverly Hilton anberaumte Pre-Grammy-Gala nicht etwa absagen, sondern funktioniert sie eilig zur Tribute-Show um – zum Entsetzen einiger mit Houston befreundeter Künstler. So merkt Chaka Khan an: »Ein Irrsinn! Ich kannte Whitney, sie hätte das nicht gewollt.« Und Sharon Osbourne ergänzt: »Das ist infam.« The show must go on. Ohne Whitney Houston. Am Ende war sie eine Königin ohne Reich geworden. Was blieb ihr, außer sich in den Nebel der Legende zu verabschieden?

21. April 2016
Schock in Paisley Park

Als die Nachricht am 21. April 2016 um die Welt ging, reagierten nicht nur Fans mit Entsetzen: Der 57-jährige **Prince** *war in seinem Anwesen Paisley Park, Minneapolis, tot aufgefunden worden – ein Unglücksfall, wie sich herausstellte.*

Es ist exakt 13:13 Uhr an jenem 21. April 2016 in New York, als CBS News meldet: »Prince dead at 57«. In der Mitteilung heißt es, Carver County Sheriff Jim Olsen habe bestätigt, dass es um 9:43 Uhr einen Notruf aus den Paisley Park Studios in Chanhassen, Minnesota, gegeben habe, demzufolge der berühmte Musiker leblos vor einem Fahrstuhl des Gebäudes aufgefunden worden ist. Nach vergeblichen Wiederbelebungsmaßnahmen sei Prince »um 10:07 Uhr für tot erklärt worden«.

Der Schockwelle, die diese Nachricht auslöst, ist gewaltig, und noch am selben Tag lässt US-Präsident Barack Obama verlauten: »Mit Millionen Fans betrauern Michelle und ich den plötzlichen Tod von Prince. ›Ein starker Geist überwindet Grenzen‹, hat er einmal gesagt – niemandes Geist war stärker, mutiger und kreativer.« Und Popsängerin Katy Perry spricht stellvertretend für Fans und Kollegen, als sie twittert: »Die Welt hat heute viel von ihrer Magie verloren.« Am Nachmittag dieses regnerischen Tages versammeln sich Hunderte von Fans vor den Toren von Paisley Park und legen lilafarbene Blumen nieder. In der folgenden Nacht erstrahlen das New Yorker Empire State Building und der Pariser Eiffelturm in eben jener Farbe, die Prince mit »Purple Rain« zu seiner eigenen gemacht hatte.

57 Jahre zuvor, am 7. Juni 1958, beginnt die Geschichte in Minneapolis. Prince Rogers Nelson ist das erste gemeinsame Kind von Vater John, einem Hobbypianisten, und Mutter Mattie, einer Jazzsängerin, weitere fünf stammen aus anderen Ehen. 1960 bekommt Prince mit Tyka noch eine Schwester. Die Patchworkfamilie zerbricht, als Prince sieben Jahre alt ist. Er bleibt bei seiner Mutter, gerät aber regelmäßig in Streit mit dem neuen Stiefvater. Mit zwölf Jahren zieht der Junge zurück zu seinem leiblichen Vater, der aber wirft ihn zwei Jahre später aus dem Haus. Fortan kommt Prince erst bei einer Tante, dann bei der Mutter eines Schulfreundes unter. Erst als er 1976 die

Funky Genius: Egal ob auf der Bühne oder im Studio – Prince zählte zu den charismatischsten und innovativsten Popkünstlern seiner Zeit.

Highschool beendet, hat seine Odyssee ein Ende: Er findet eine eigene Wohnung.

Nur ein Jahr später hat der hochbegabte Teenager erreicht, wofür andere ein Leben lang vergeblich schuften: Im Juni 1977 nimmt Warner Brothers das Talent aus der Provinz unter Vertrag, und spätestens als Prince 1980 sein drittes Album, DIRTY MIND, herausbringt, steht fest: Hier ist ein genialisches Original am Werk. Der Superstar in the making aber muss sich beim Publikum erst einmal durchsetzen. Am 11. Oktober 1981 im Memorial Coliseum, Los Angeles, eröffnet er eine Show für die Rolling Stones. Deren Fans buhen ihn von der Bühne. Ein Zwischenfall, der Prince nicht aufhalten kann. Schon zwei Jahre danach gelingt ihm mit seinem fünften Album 1999 und dem Singlehit »Little Red Corvette« der Durchbruch in den Pop-Mainstream.

Bei allem Erfolg aber bleibt Prince eine umstrittene Figur. Gerne geht er über Geschmacksgrenzen hinaus, donnert sich auf, trägt Strapse, lässt sich auch mal splitternackt für ein Plattencover ablichten und gibt überhaupt fortwährend den phallischen Großerotiker – mit einer Körpergröße von 1,58 Meter. Sein Song »Darling Nikki« führt dazu, dass 1984 der »Explicit Lyrics«-Sticker in den USA eingeführt wird: wegen sprachlicher Unzüchtigkeiten für Jugendliche ungeeignet.

Musikalisch jedoch kann Prince kaum jemand das Wasser reichen. Er vereint alle nur erdenklichen Einflüsse, von Miles Davis über Marc Bolan und Jimi Hendrix bis hin zu James Brown und Stevie Wonder. Hin und wieder borgt er sich auch mal ein Riff aus der rustikalen Welt des Hardrock aus. Prince formt aus diesen Zutaten seine ureigene musikalische Sprache, einen mit Paisleymustern durchsetzten universellen Soul, der lässig zwischen den Stilen umherschlendert. Prince klingt wie Prince. Dazu schreibt er Songs, die Millionen Menschen berühren. Zum Beispiel »Purple Rain«, eine XXL-Ballade, die ihre fein austarierte Balance zwischen Pomp und Poesie in neun feierlichen Minuten nicht für einen Moment verliert.

Mitte der 1980er Jahre gehört Prince neben Michael Jackson und Madonna zu den Big Three des Pop. Es scheint, dass er nichts falsch machen kann. Singles wie »When Doves Cry«, »Raspberry Beret«, »Sign O' The Times« und »Kiss« belegen vorderste Chartplätze in aller Welt, und Alben wie PURPLE RAIN, PARADE und SIGN O' THE TIMES festigen seinen Ruf als schrillbunt leuchtender Genius.

Superstar der MTV-Ära: Prince mit Gitarristin Wendy Melvoin im Videoclip zu »Kiss«

Zu Beginn der 1990er Jahre aber hat sich ein unüberbrückbarer Graben zu Warner aufgetan. Die Firma will den Erfolgssänger in eine starre Veröffentlichungs- und Vermarktungspraxis zwingen. Prince wehrt sich: 1993 legt er offiziell seinen Namen ab, ersetzt ihn durch ein unaussprechliches Symbol und malt das Wort »Slave« auf seine Wange. Er veröffentlicht weiter Musik bei Warner, gerät aber kommerziell zusehends ins Abseits. Als der Plattenvertrag 1999 ausläuft, nutzt Prince verstärkt das Internet und vertreibt Platten gelegentlich auch als Beilagen in Tageszeitungen. 2004 gelingt ihm mit MUSICOLOGY ein Comeback in den Charts, das Album schafft Platz drei in den USA. Sein musikalisches Spektrum erweitert er nun kontinuierlich, gründet mit dem Frauentrio 3rd Eye Girl aber auch eine neue Band, die nahtlos an den kosmopolitischen Funk seines ehemaligen Ensembles The New Power Generation anknüpft.

Während seiner »Piano & A Microphone«-Tour kommt es am 14. April 2016 zu einem Zwischenfall: Nach zwei Konzerten im Fox Theatre in Atlanta, Georgia, muss sein Privatjet auf dem Rückflug in Moline, Illinois, zwischenlanden. Prince wird bewusstlos in eine Klinik gebracht. Zuvor hat er verschiedene Schmerzmittel eingenommen, von denen er wegen anhaltender Knie- und Hüftprobleme längst abhängig ist (als bekennender Zeuge Jehovas wollte er sich keiner Operation unterziehen, die seine Schmerzen als Ergebnis seiner extremen Tanzeinlagen auf der Bühne hätte lindern können). Nach kurzer Behandlung verlässt er das Krankenhaus – gegen den Rat der Ärzte.

Nur eine Woche später, am 20. April, ruft sein Management den kalifornischen Arzt Howard Kornfeld aufgrund eines »schweren medizinischen Notfalls« nach Chanhassen. Kornfeld schickt seinen Sohn Andrew, einen Medizinstudenten. Am nächsten Morgen dann finden die Paisley-Park-Mitarbeiter ihren Chef leblos auf. Kornfeld alarmiert sofort den Rettungsdienst – zu spät, Prince ist bereits seit etwa sechs Stunden tot. Wenig später erledigt Sheriff Jim Olsen seine traurige Pflicht.

Am 2. Juni wird der Obduktionsbericht veröffentlicht: Fremdverschulden und Suizid werden darin ausgeschlossen. Todesursache ist eine Überdosierung des Schmerzmittels Fentanyl, die Prince offenbar versehentlich eingenommen hatte. Bei einer Hausdurchsuchung wird das Medikament gefunden – allerdings in der Verpackung eines

Gewaltige Schockwelle: Als Prince am 21. April 2016 völlig überraschend starb, trauerten Fans weltweit wie hier vor dem berühmten New Yorker Apollo Theatre.

anderen, weniger starken Mittels. Ob Prince wusste, was er einnahm, bleibt ungeklärt. Bezeugt ist indes seine Aufforderung an Fans, die er am 16. April, fünf Tage vor seinem Tod, zu einer Party im Paisley Park eingeladen und mit den Worten begrüßt hatte: »Wartet noch ein paar Tage, ehe ihr eure Gebete verschwendet!«

Bildnachweis

- 16 WSM radio 1951
- 18 Michael Ochs Archives / Freier Fotograf / getty
- 21 Michael Ochs Archives / Freier Fotograf / getty
- 25 Michael Ochs Archives / Freier Fotograf / getty
- 27 Hulton Archive / Staff / getty
- 30 Michael Ochs Archives / Freier Fotograf / getty
- 32 Bettmann / Kontributor / getty
- 35 Michael Ochs Archives / Freier Fotograf / getty
- 37 CC-BY-SA-4.0 / J-Ham2000
- 41 Michael Ochs Archives / Freier Fotograf / getty
- 42 Bettmann / Kontributor / getty
- 45 David Redfern / Staff / getty
- 46 Jim Gray / Freier Fotograf / getty
- 49 Bettmann / Kontributor / getty
- 51 Bettmann / Kontributor / getty
- 52 Neil Leifer / Kontributor / getty
- 57 Roz Kelly / Kontributor / getty
- 58 Michael Ochs Archives / Freier Fotograf / getty
- 61 The Estate of David Gahr / Kontributor / getty
- 66 Michael Ochs Archives / Pressemitteilung / getty
- 67 APA – Agency fot the Performing Arts-management
- 68 PD-FLGOV / Dade County Public Safety Department
- 71 Jim McCrary / Kontributor / getty
- 76 Claudio Divizia / Shutterstock.com
- 79 Fin Costello / Staff / getty
- 80 Shepard Sherbell / Kontributor / getty
- 85 Andrew Whittuck / Kontributor / getty
- 87 Denis O'Regan / Kontributor / getty
- 88 David Corio / Kontributor / getty
- 95 New York Daily News Archive / Kontributor / getty
- 98 Trinity Mirror / Mirrorpix / Alamy Stock Photo
- 100 Maurice Hibberd / Freier Fotograf / getty
- 103 Gems / Kontributor / getty
- 104 Richard E. Aaron / Kontibutor / getty
- 107 Kerstin Rodgers / Kontributor / getty
- 109 Billedbladet NÅ / Arne S. Nielsen / flickr
- 113 Michael Putland / Kontributor / getty

114 Gypsycat
117 Chris Mills / Kontributor / getty
121 AF archive / Alamy Stock Photo
124 PumpkinSky
125 Authenticated News / Staff / getty
130 Fin Costello / Staff / getty
135 The Washington Post / Kontributor / getty
144 Denis O'Regan / Kontributor / getty
149 Michel Linssen / Kontributor / getty
154 The Estate of David Gahr / Kontributor / getty
159 Michael Putland / Kontributor / getty
160 Mike Carillo / Kontributor / getty
163 Michael Ochs Archives / Freier Fotograf / getty
165 CC-BY-SA-4.0 / Haeferl
169 CC-BY-SA-3.0 / Casta 03
170 Bernie Ilson, Inc., public relations, New York 1969
171 White House Photo, PD
173 Dan Kitwood / Staff / getty
174 CC-BY-SA-2.0 / Gruenemann
177 Brian Rasic / Kontributor / getty
180 PH2 Mark Kettenhofen
182 Minnaert
183 White House Television crew
185 Time & Life Pictures / Kontributor / getty
189 DON EMMERT / Staff / getty

Der Verlag Philipp Reclam jun. dankt für die Nachdruck- und Reproduktionsgenehmigung den Rechteinhabern, die durch den Quellennachweis und einen folgenden Genehmigungs- oder Copyrightvermerk bezeichnet sind. In einigen Fällen waren die Inhaber der Rechte nicht festzustellen; hier ist der Verlag bereit, nach Anforderung rechtmäßige Ansprüche abzugelten.

Danksagung

Einige der hier versammelten Beiträge sind im Lauf der letzten Jahre bereits im Rahmen der Serie »Rock-Mythen – Legende und Wirklichkeit« im Musikmagazin *Classic Rock* erschienen. Den Chefredakteuren Simone Bösch und Paul Schmitz sei an dieser Stelle für die freundliche Genehmigung gedankt, die Geschichten in überarbeiteter und aktualisierter Form für dieses Buch zu verwenden.

Namensregister

Abell, Thomas 96
Ace, Johnny (9. 6. 1929 – 25. 12. 1954) 13, 20–23
Airey, Don 127 f.
Alden, Ginger 92 f.
Allman, Duane 14
Allsup, Tommy 26
Alvin, Dave 20
Anderson, Carroll 26
Andrews, Pat 44
Asher, Tony 34
Ashton, Bill 175
Atkins, Susan 50 f.
Austin, Mary 146
Avicii, d. i. Tim Bergling 14
Axton, Estelle 40
Aycock, Andrew 127 f., 131

Badella, Phil 59
Bannister, John 56
Barrett, Syd (6. 1. 1946 – 7. 7. 2006) 11, 83–86
Bennett, Tony 15, 178
Bennington, Chester 14
Bernstein, Leonard 121
Berry, Chuck 134, 137
Berry, Robert 64
Beyoncé, d. i. Beyoncé Giselle Knowles-Carter 182
Blanc, Peter de 60
Bland, Bobby 22
Bolan, Marc (30. 9. 1947 – 16. 9. 1977) 12, 97–101, 186
Bowie, David 99, 101, 107, 118, 138, 140
Boyd, Joe 75, 77
Boyer, Elisa 29, 31
Branson, Richard 164
Brooks, Bobby 141
Brown, Bobby 181 f.
Brown, Dennis 91
Brown, James 33, 186
Brown, Jeff 141
Browne, David 155
Browne, Jackson 138, 141
Browne, Nigel 141
Buckley, Jeff (17. 11. 1966 – 29. 5. 1997) 152–156
Buckley, Tim 153
Bunch, Carl 26
Burdon, Eric 54 f.
Burke, Solomon 43
Burns, Bob 102
Burrell, Gretchen 70
Burton, Cliff 14

Calhoun, Jerry 127
Callas, Maria 101
Carr, Charles 15, 17–19
Carr, Evelyn 29, 31
Caruso, Enrico 9
Cauley, Ben 43
Chapman, Mark 122 f., 126
Charles, Ray 33
Cher, d. i. Cherilyn Sarkisian 125
Christensen, Helena 158
Clapton, Eric 137, 141
Clark, Dave 146
Clark, Edward 124
Cobain, Kurt (20. 2. 1967 – 5. 4. 1994) 11, 13, 147–151, 155
Cochran, Eddie 14
Cohen, Leonard 106, 152, 155
Collins, Allen 102, 104 f.
Conley, Arthur 43
Cooke, John 59, 62
Cooke, Sam (22. 1. 1931 – 11. 12. 1964) 14, 29–33
Cooper, Alice 128
Corbijn, Anton 118

Cornell, Chris 14
Courson, Pamela 64 f., 67 f.
Cowell, Simon 182
Cravey, Robert H. 94
Cray, Robert 137
Croce, Jim 14
Cropper, Steve 40
Crowe, Cameron 126
Curtis, Deborah 116
Curtis, Ian (15. 7. 1956 – 18. 5. 1980) 11, 116–120

Dannemann, Monika 54–56
Davies, Ray 78
Davis, Clive 153, 179, 181–183
Davis, Joseph 94
Davis, Miles 186
Deacon, John 146
Dean, James 9, 110
Densmore, John 68
Devoto, Howard 118
DiCillo, Tom 68
Diddley, Bo 132
DiMucci, Dion 26
Domino, Fats 138
Dowd, Tom 103
Drake, Nick (19. 6. 1948 – 25. 11. 1974) 14, 74–77
Duncan, Jake 128
Dunn, Donald »Duck« 41
Dwyer, Hubert J. 27
Dylan, Bob 20, 22, 35, 75, 106, 138

Elliott, Cass 14
Evans, Gil 54
Evans, Mal 78
Evans, Tom (5. 6. 1947 – 19. 11. 1983) 13, 80, 82

Falco, d. i. Johann »Hans« Hölzel (19. 2. 1957 – 6. 2. 1998) 12, 162–166

Farriss, Andrew 157
Ferrigno, Lou 168
Fielder-Civil, Blake 176
Finney, Jack 126
Fisher, Margaret 69, 72
Fitzgerald, Ella 175
Flack, Roberta 125
Folger, Abigail 50
Ford, Charles Henri 125
Foti, Keith 152, 155
Francisco, Jerry 93 f.
Francis, Stacy 179
Franklin, Aretha 179
Franklin, Bertha 29, 31
Frykowski, Wojciech 50

Gaines, Cassie 105
Gaines, Steve (14. 9. 1949 – 20. 10. 1977) 105
Garland, Judy 125
Garrick, David 78
Gaye, Marvin (2. 4. 1939 – 1. 4. 1984) 132–136
Gay Sr., Marvin 132, 136
Geffen, David 123
Geldof, Bob 158 f., 161
Geldof, Peaches 161
Gilmour, David 83 f.
Ginsberg, Allen 106
Goodman, Benny 138
Gordy Jr., Berry 132, 134
Grant, Tom 151
Gray, Bill 103 f.
Griffith, Lewis 88 f.
Griffiths, Melanie 125
Griggs, Bill 26
Grohl, Dave 148
Guralnick, Peter 92
Guy, Buddy 137, 141

Haggard, Merle 70
Hammerstein III., Oscar 34

Hammond Sr., John 138
Ham, Pete (27. 4. 1947 – 24. 4. 1975)
    13, 78–82
Hand, Derrick W. 161
Hannett, Martin 118
Hardy, Francoise 74
Haring, Keith 145
Harley, Steve 101
Harlow, Jean 9
Harris, Emmylou 23, 70, 73
Harrison, George 80
Hastings, John 123
Hawkins, Leslie Ann 104
Heller, André 164
Helms, Chet 60
Hendrix, Jimi (27. 11. 1942 – 18. 9. 1970)
    11, 54–59, 137, 141, 179, 186
Hexum, Erik 23
Holiday, Billie 138, 153
Holly, Buddy (7. 9. 1936 – 3. 2. 1959)
    9, 12, 24–28, 128
Holly, María Elena 24
Honoré, Annik 119
Hook, Peter 116, 118
Houston, Whitney
    (9. 8. 1963 – 11. 2. 2012) 11, 179–183
Hutchence, Michael
    (22. 1. 1960 – 22. 11. 1997) 157–161
Hutchings, Ashley 75
Hutton, Jim 145 f.

Iggy Pop, d. i. James Newell »Jim«
    Osterberg 120

Jackson, Mahalia 179
Jackson, Michael
    (29. 8. 1958 – 25. 6. 2009)
    11 f., 167–172, 186
Jagger, Mick 45, 47, 138
James, Elmore 44
James, Etta 31
Jeffery, Mike 57

Jenkins, Johnny 39
Jennings, Waylon 26
Joel, Billy 126
John, Elton 146, 153
Johnson, Earvin 145
Johnson, Robert 153
Jones, Brian (28. 2. 1942 – 3. 7. 1969)
    11, 13, 44–47
Jones, George 70
Jones, Gloria 97, 99, 101
Jones, Reg 55
Jones, Richard 97, 99 f.
Joplin, Janis (19. 1. 1943 – 4. 10. 1970)
    11 f., 59–63, 106
Joplin, Scott 9

Karpis, Alvin 48
Kasabian, Linda 50
Kath, Terry 23
Kaufman, Phil 72 f.
Kelly, Gene 167
Keylock, Tom 47
Khan, Chaka, d. i. Yvette Marie
    Stevens 181, 183
Khan, Nusrat Fateh Ali 153
Kiedis, Anthony 151
Kilmister, Ian Fraser »Lemmy«
    107
Kilpatrick, Dean 104
King, B. B., d. i. Riley B. King 22
King, Martin Luther 33
Kinnear, Alistair 111, 114
Kinsey, Donald 88
Kitts, Swan 17
Klein, Allen 31
Kooper, Al 80, 102
Korner, Alexis 44
Kornfeld, Howard 188
Kossoff, Paul 14
Krenwinkel, Patricia 50 f.
Kristofferson, Kris 62, 106

LaBianca, Leno 50, 53
Lahr, Chris 96
Lanza, Mario 132
Laswell, Bill 181
Lawson, Janet 44, 47
Lennon, John
 (9. 10. 1940 – 8. 12. 1980)
 12, 80, 121–126
Little Richard, d. i. Richard Wayne
 Penniman 40, 167
Louganis, Greg 145
Love, Courtney 148, 150 f.
Love, Mike 34 f.
Lydon, John 106 f.

MacPherson, Elle, d. i. Eleanor Nancy
 Gow 158
Madonna, d. i. Madonna Louise
 Ciccone 125, 164, 186
Manley, Michael 89–91
Manson, Charles
 (12. 11. 1934 – 19. 11. 2017)
 48–53
Manzarek, Ray 65
Marley, Bob (6. 2. 1945 – 11. 5. 1981)
 87–91
Marshall, Aston 91
Marshall, Toby 17
Martin, George 35 f.
Martin, Michael 69
Mason, Nick 83 f., 86
Massop, Claudius 91
Matlock, Glen 107 f.
May, Brian 146
McCartney, Paul 78
McCreary, Walter W. 102
McElroy, Dale 69
McGill, Bill 24, 28
McIver, Jael 131
McLaren, Malcolm 107, 110
McLean, Don 28
Melcher, Terry 50, 53

Mercury, Freddie
 (5. 9. 1946 – 24. 11. 1991)
 11 f., 142–146
Miles, Leslie 88
Miller, Arthur 106
Minogue, Kylie 158
Mitchell, Vince 59
Molland, Joey 81 f.
Monroe, Marilyn 9
Moon, Keith 14
Morgan, Seth 62
Morris, Andrew 173 f., 178
Morris, Stephen 118, 120
Morrison, Jim (8. 12. 1943 – 3. 7. 1971)
 11, 13, 59, 64–68, 118
Morrison, Van 75, 153
Mozart, Wolfgang Amadeus 9, 162
Murray, Conrad 170, 172

Napier-Bell, Simon 98
Nichopoulos, George 94
Nilsson, Harry 81
Nomi, Klaus 145
Novoselić, Krist 147 f., 151
Nurejew, Rudolf 121, 125, 145

Ochs, Phil 75
Oldham, Andrew 47
Olsen, Jim 184, 188
Ono, Yoko 121–123
Orbison, Roy 23
Osbourne, Ozzy 14, 127 f., 131
Osbourne, Sharon 127, 131, 183
Owens, Buck 70

Pallenberg, Anita 46 f.
Parent, Steven 50
Parks, Van Dyke 36
Parsons, Gram (5. 11. 1946 – 18. 9. 1973)
 14, 69–73
Parton, Dolly 181
Peel, John 99, 118

Perry, Katy 184
Perry, Richard 81
Peterson, Roger 24, 27 f.
Philipe, Gérard 9
Pilatus, Rob 14
Polanski, Roman 48, 53, 126
Polk, Eileen 106, 109
Polley, Stan 78, 80 f.
P-Orridge, Genesis, d. i. Neil Andrew Megson 118
Porter, Cole 34
Powell, Billy 103–105
Presley, Elvis (8. 1. 1935 – 16. 8. 1977) 11, 13, 20, 23, 70, 92–96, 179
Price, Kelly 179
Prince, d. i. Prince Rogers Nelson (7. 6. 1958 – 21. 4. 2016) 11, 184–189
Pyle, Artimus 104 f.

Raitt, Bonnie 141
Rawls, Lou 181
Ray J, d. i. William Raymond Norwood, Jr. 179
Redding, Otis (9. 9. 1941 – 10. 12. 1967) 12, 39–43, 179
Reed, Jimmy 138
Remi, Salaam 175
Rhoads, Randy (6. 12. 1956 – 19. 3. 1982) 12, 14, 127–131
Richards, Keith 40, 45, 47
Richardson, J. P. »The Big Bopper« 24, 26 f.
Rihanna, d. i. Robyn Rihanna Fanty 182
Robey, Don 22 f.
Robinson, Michelle 106, 108
Rodgers, Nile 141
Rodgers, Richard 34
Ronson, Mark 176
Rossington, Gary 102, 104 f.
Rothchild, Paul A. 59

Sanders, Ed 48
Sardo, Frankie 26
Saua, John 55
Schirmer, Gustave 123
Schmidt, Kim 126
Schwarzkopf, Klaus 145
Scott, Bon (9. 7. 1946 – 19. 2. 1980) 11, 111–115
Seaga, Edward 89–91
Seifert, Martin 55
Shakur, Tupac 14
Shapiro, Harry 56
Shapiro, Helen 97
Shelley, Pete 118
Siebring, Jay 50
Simmons, Gene 125
Simon, Carly 126
Simon, Joe 43
Simon, Paul 20
Sinatra, Frank 175
Skinner, Leonard 102
Sledge, Percy 23
Smith, Bessie 59
Smith, Gary 150
Smith, Mark E. 118
Smith, Patti 106, 108
Smythe, Colin 141
Spector, Phil 34
Spedding, Chris 108
Spungen, Nancy (27. 2. 1958 – 12. 10. 1978) 106–110
Stafford, Jo 15
Stardust, Alvin 101
Starr, Ringo 99
Steinway, Theodor 123
Stewart, Jim 40 f.
Stewart, Rod 33, 101
Sting 125
Sumner, Bernard 116, 118, 120

Tate, Sharon 48, 50, 53
Taylor, Don 88

Taylor, Johnnie 43
Taylor, Mick 47
Taylor, Roger 146
Teare, Robert Donald 56
Terrell, Tammi 134
Tex, Joe 43
The Notorious B. I. G., d. i.
    Christopher George Latore
    Wallace 14
Thomas, Rufus 155
Thorgerson, Storm 86
Thornton, Willie Mae
    »Big Mama« 20
Thorogood, Frank 44, 47
Thunders, Johnny 14, 108
Tillman, Curtis 21
Took, Steve Peregrine 99
Tosh, Peter 91
Traviss, Reg 178
Tschaikowski, Pjotr Iljitsch 123 f.

Valens, Ritchie 24, 26–28
Valentino, Rudolph 9
Van Zandt, Townes 155
Van Zant, Johnny 105
Van Zant, Ronnie
    (15. 1. 1948 – 20. 10. 1977)
    102–105
Vassille, Max 64
Vaughan, Jimmie 137 f., 140 f.
Vaughan, Sarah 175
Vaughan, Stevie Ray
    (3. 10. 1954 – 27. 8. 1990)
    12, 137–141
Vicious, Sid
    (10. 5. 1957 – 2. 2. 1979)
    106–110
Vincent, Gene 14

Visconti, Tony 101
Vitkovic, Isabella 165
Voormann, Klaus 81

Warwick, Dee Dee 179
Warwick, Dionne 179
Waters, Roger 83 f.
Watson, Charles 50
Watson, Johnny 138
Watts, Charlie 45
Westphal, Michael 145
Westwood, Vivienne 107
Wilkeson, Leon 104 f.
Williams, Hank (17. 9. 1923 – 1. 1. 1953)
    14–19, 70
Williamson, Sonny Boy 44
Wills, Bob 138
Wilson, Brian (* 20. 6. 1942)
    11, 34–38
Wilson, Dennis 50
Winehouse, Amy
    (14. 9. 1983 – 23. 7. 2011) 11, 173–178
Winfrey, Oprah 182
Wohlin, Anna 44
Wolfe, Tom 106
Wonder, Stevie 33, 141, 186
Wright, James 57
Wright, Rick 83 f.
Wyman, Bill 45

Yates, Paula 158, 161
Young, Angus 112, 114 f.
Youngblood, Rachel 128
Young, Faron 11
Young, Gig 126
Young, Malcolm 112, 115
Young, Neil 11
Young, Paul 33